外国信托法经典译丛　　石俊志　主编

RE-IMAGINING THE TRUST:
TRUSTS IN CIVIL LAW

EDITED BY LIONEL SMITH

重塑信托：大陆法系中的信托法

[加拿大] 莱昂纳尔 · 史密斯 | 主编
李文华 | 译

法律出版社
LAW PRESS • CHINA

著作权合同登记号
图字：01-2020-3563

国民信托博士后工作站课题组

外国信托法经典译丛（第三辑）
编委会

各章作者简介

弗兰克斯·巴利尔（François Barrière）
巴黎第二大学[Panthéon-Assas（Paris II），即现在的索邦（Sorbonne）大学]联合会教师（Maître de conférences）。

玛德林·坎廷·库米恩（Madeleine Cantin Cumyn）
麦吉尔大学法学院大陆法系Wainwright 名誉教授以及该法学院魁北克私法与比较法研究中心全职成员。

米歇尔·格雷佳德（Michele Graziadei）
都灵大学法学院私法全职教授。

何锦璇（Lusina Ho）
香港大学法学院信托与衡平法Harold Hsiao-Wo Lee教授。

亚当·霍夫里–温拿格里多（Adam Hofri-Winogradow）
希伯来耶路撒冷大学法学院助理教授。

迈克尔·麦考利（Michael McAuley）
2001～2006年曾是路易斯安那州立大学保罗·M. 赫伯特法律中心的Clarence W. Edwards 副教授。他在魁北克和百慕大获得了律师执业资格，并且在根西（Guernsey）做律师。

莱昂纳尔·史密斯（Lionel Smith）
麦吉尔大学法学院McGill法学教授，也是该法学院的克雷波私法与比较法研究中心的主任。

总　序

现代信托制度的建立,是人类社会法律制度上的一个伟大进步。

中世纪黑暗中的英国社会,为了克服普通法的烦琐和僵化,转向由法官凭借公平和良知判案形成的法律制度,由此产生了与普通法并行的衡平法。正是衡平法的出现和实施,催生和哺育了现代信托制度。

"溥天之下,莫非王土;率土之滨,莫非王臣。"中世纪后期,英国君王和各地领主对百姓及其财产的封建占有,严重阻碍了财产的市场流转和效益的提高。为了打破这种封建桎梏,经历了一个漫长的过程,用益制度在英国逐步演化形成。用益制度实现了财产上的所有权与收益权的分离:所有权继续遵循封建传统的规定,收益权转向符合市场经济的需求,从而实现了承上启下、促进社会平稳发展转变的作用。

英国法律史学家和衡平法律师梅特兰(Frederic William Maitland)高度评价英国人创立信托概念的贡献:"如果有人要问,英国人在法学领域取得的最伟大、最杰出的成就是什么,那就是历经数百年发展起来的信托概念。”

信托的发展，是在不断挑战原有法律的约束，又在不断促进法律修正的过程中，传播衡平法的公平、公理、良知、正义等理念，并不断促进经济和社会的发展和进步。

美国、日本等国家和地区，在引入现代信托制度的同时，结合本土的信托实践，相继建立了完善的信托法律体系。

现代信托制度传入中国，发生在辛亥革命推翻皇帝专制制度之后。

1921 年，中国历史上第一家标明为“信托公司”的企业——中国商业信托公司在上海成立。此后，在短短数年里，先后有十余家信托公司成立。

1949 年，新中国成立，开始实行集中统一的计划经济。信托失去了市场经济环境，被全面停办。

1978 年，党的十一届三中全会揭开了改革开放的序幕，我国信托业重新起步。

1979 年，中国国际信托投资公司成立。随后，各种类型的信托投资公司在全国各地如同雨后春笋般诞生，我国信托业进入一个崭新的时期。但是，由于缺少法律的约束，再加上没有明确的业务范围和主营定位，信托投资公司迅速切入经济发展和金融发展的各个领域，催生了我国债券、证券、基金业的发展，而其自身却由于缺乏规范而成为治理整顿的对象。

2001 年 4 月，全国人民代表大会常务委员会通过了《中华人民共和国信托法》，由此奠定了我国信托法律的基石。随后，中国人民银行陆续颁布实施了《信托投资公司管理办法》和《信托投资公司资金信托管理暂行办法》，由此构成了我国信托业“一法两规”的基本法律法规框架，结束了我国引入现代信托制度以来近一个世纪无法可依的历史。

2007 年 3 月 1 日，原银行业监督管理委员会颁布施行了《信托公司管理办法》和《信托公司集合资金信托计划管理办法》。从此，我国信托业开启从“融资平台”向“受人之托，代人理财”的专业机构之转变。在上述规章引导下，我国信托业飞速发展。截至2012年年底，我国信托业管理信托资产规模超过了证券业、保险业、基金业等金融行业的业务规模，成为仅次于银行业的第二大金融行业。

目前，我国信托业管理信托资产规模超过26万亿元。投资信托产品，已经成为我国居民最重要的理财方式之一。信托业在我国经济建设和社会发展中发挥越来越重要的作用。然而，与国外成熟的市场经济国家相比，我国信托业在功能定位、法律制度、社会实践等方面还存在较大的差距。

“他山之石，可以攻玉。”国外成熟的市场经济国家的信托业历史悠久，经验丰富，法律法规体系健全。特别是相关法律制度，对我国信托业的发展具有十分重要的借鉴意义。为此，国民信托博士后工作站与中国社会科学院法学研究所联合招收博士后，重点研究信托法律问题。在此基础上，我们邀请了一批国内从事信托法教学、研究的学者以及具有实践经验的信托业专家，经过认真的调查研究，筛选出一批国外信托法规和经典著作，翻译成中文，介绍给国内读者。

我们相信，这套《外国信托法经典译丛》的出版，对我国普及信托法律知识，完善信托法律体系，繁荣信托市场，促进信托业更好地服务于实体经济、社会发展和改善民生，具有一定的参考价值。

石俊志

2018年2月7日

目录

引　言

莱昂纳尔·史密斯(Lionel Smith)

信托能成为普通法系和大陆法系的桥梁吗?那个不能翻译之物能够成为更好地理解信托的途径吗?[1]信任(confidence)和委托(entrustment)的观念能够在现代世界中不同的法律语言中发现共同而有差别的表达吗?

2008年,克雷波私法与比较法研究中心启动了一项关于大陆法系和混合法系中信托制度的远大研究项目,旨在研究大陆法系的财产法是如何实施和理解信托制度的,这个项目的目标,自然包括进一步理解大陆法系如何通过不同途径把信托融入大陆法系的制度;这需要对大陆法系法律思想基本范畴的考察,包括人格和财产、所有权和义务,对大陆法系中那些正在考虑施行信托制度的体系来说,这些来自全世界的经验将是十分珍贵的,但是,这个项目的目标是更广和更深的。在信托领域,普通法系的

---

〔1〕 F. Ost, *Le droit comme traduction*, Quebec, Les Presses de I'Université Laval, 2009, p. 58 - 64.

律师经常扮演或者将其扮演为老师的角色，[2]然而，那些注意到比较
1 法经验的普通法系律师将会发现他们自己还有很多东西需要学习，不仅是大陆法系的制度，还有他们自己的信托制度（信托制度的性质以及历史）。

在 20 世纪，对信托制度的比较研究并未吸引人们的注意，普通法系中的信托制度经常被描绘成具有分割所有权的特征，而这对于大陆法系的财产制度而言是很难理解的。这对于那些希望将信托制度作为外来物的大陆法系中的成员是非常适合的。而就普通法系的律师们而言，他们倾向于认为，只有在普通法和由衡平法院衍生的衡平原则之间互动发展而来的普通法信托，才值得被称为信托。近年来，普通法系的学术界在关于信托法观念的义务的基础方面产生了兴趣，并且有在信托的法律性质方面进行新的研究的需求。在此方法下，分割所有权的说法仅是由 1882 年《印第安信托法典》采用的一个观念的比喻，该法典中关于信托的定义是目前普通法系唯一关于信托制度的有法律效力的定义：

> “信托”是附属于财产所有权（the ownership of property）的一种义务，信托产生于寄托在所有者身上并且被所有者接受或者被所有者所宣示（declared）且接受的信任，而信托本身是为了另外一个人的利益……[3]

2 一种“附属于财产所有权的”义务，即从原则上来说，只有受益人

---

[2] M. Lupoi, *Trusts: A Comparative Study*, trans. by S. Dix, Cambridge, Cambridge University Press, 2000, p. 329 – 31.

[3] Indian Trusts Act, 1882, Act No. 2 of 1882, s. 3. 另参见《加利福尼亚州民法典》（现已失效）第 2216 节（California Civil Code, § 2216）：“信托是源自人身信任的一种义务，该义务被施加于某人并被该人接受，而该义务是为了另外一个人的利益而存在的。”这个关于信托的定义不那么准确，因为它并没有包括普通法系中信托的基本原则，即信托是持有财产的一种方式，而如果没有信托财产，是不可能有信托的。关于相关批评参见 J. N. Pomeroy, *The “Civil Code” in California*, N. Y. Bar Association, 1885, p. 28 – 9。

对受托人享有请求权；但是，该请求权的债务人并不总是同一个人，并且有时毋宁说是拥有信托财产所有权的人。这个旧的要点（如今已被更改）把焦点从所有权分割转移开来，替代它的是衡平法对义务的理解，信托财产上所附着的义务会随着信托财产一并被转移给其他人，普通法系关于信托中义务的这种理解维持了比较法上新发展的希望。

本书中的文章来自2008～2009年克雷波私法与比较法研究中心举办的一系列"大陆法系中的信托法论坛"。该中心有通过这些论坛研究大陆法系发展过程中重大问题的悠久传统。"大陆法系中的信托法论坛"欢迎来自世界各地的演讲者，这些演讲者谈到了大陆法系和混合法系（mixed legal systems）中的信托制度所面临的范围广泛的难题。弗兰克斯·巴利尔（François Barrière）是关于法国信托制度的著名评论家，他分析了这异乎寻常的发展是怎么来的以及为什么它成了现在的形态。在论坛上，迈克尔·麦考利（Michael McAuley）论述了《路易斯安那州信托法典》是如何与属于大陆法系的那个州关于财产的一般法相互作用的；他的洞见对大陆法系的每一个成员都有重要的启迪作用。第三个研讨会所涉及的现象可能在未来几年中将变得越来越重要：在一个由另外一个法律所管辖的法域内创设信托制度。米歇尔·格雷佳德（Michele Graziadei）探讨了意大利在这方面的经验，他的文章是本书的重要组成部分。

而杰夫里·塔佩斯（Jeffrey Talpis）则介绍了类似的经验，尽管是在魁北克省这样一个比较小的区域内。[4] 在第四个研讨会上，亚当·霍夫里－温拿格里多（Adam Hofri-Winogradow）讲述了从19世纪至今各种各样的信托在以色列令人印象极深的发展历程。玛德 3

〔4〕 J. Talpis, *On the Right Track: Quebec Courts Recognize the Common Law Declaration of Trust*（2007）27 Est. Tr. & Pensions J. 78. 该文章讨论了关于信托的声明被魁北克省一个法庭所承认，该信托在加利福尼亚州设立并且受加利福尼亚州法律的管辖，该信托包括了在魁北克省的一项不动产。

林·坎廷·库米恩(Madeleine Cantin Cumyn)着重研究了不同法域接受信托的方法背后的一些原因。在最后一篇文章中,何锦璇(Lusina Ho)则对中国新的信托制度的背景和性质作出详尽的概念分析。

很多人为本项目的成功贡献良多。2008~2009年,“大陆法系中的信托法论坛”在前一年即开始筹备,时任克雷波私法与比较法研究中心助理主任的亚历山大·波波维奇(Alexandra Popovici)参与了本项目。她的继任者维尼克·弗丁(Véronique Fortin)帮助开展此论坛,他们二位对该中心在信托研究方面的进一步提升起到了重要作用,促成了2010年9月名为“信托的世界”(La fiducie dans tous ses États)非常成功的国际性会议。该中心的行政助理曼农·博赛姆(Manon Berthiaume)确保了整个会议的平稳进行。该中心的研究人员以其一贯表现出来的天赋,完成了一项要求极高的任务,本研究中心的研究员艾德蒙德·酷奇(Edmund Coates)以极高的水平,把玛德林·坎廷·库米恩和弗兰克斯·巴利尔的文章翻译成了英文。

4 纳塔利·杜迪克(Natalie Dudyk)为上述文章的发表做了准备工作。我真诚感谢上面提到的所有人,当然我也要感谢本论坛上的演讲者们,他们为此投入了很多精力,并输出了非常多的观点;我同样要以感激的心情指出,本书中上述文章的作者们一致同意将他们的稿酬用于该中心的研究项目上;我还要感谢剑桥大学出版社的费那罗·秀廉(Finola O'Sullivan)对本项目的支持;我也要对加拿大社会科学与人文研究委员会通过其“标准研究资助项目”以及麦吉尔大学通过“詹姆斯·麦吉尔主席项目”而给予本项目的财务资助表示深深的谢意;我还要对以下机构对该中心在大陆法系和混合法系中信托制度研究的重大财务支持表示感谢,它们是魁北克省研究基金会下属的文化协会(the Fonds de recherche du Québec-Société et culture)和魁北克省经济发展、创新与开发部(Quebec's Ministère du développement économique, de l'innovation et de l'exportation)。

本论文集交付出版社之后,魁北克省私法与比较法研究中心的创始主任保罗·安迪·克雷波(Paul-André Crépeau)教授不幸于2011年7月6日与世长辞。无论是在魁北克省还是在全世界,他在法律的各个学术研究方向上都是领导者。他将一直被沉痛怀念、深情缅怀。在本书付梓之前,该中心被更名为保罗·安迪·克雷波私法与比较法中心(Le Centre Paul-André Crépeau de droit privé et comparé),我对此深感欣慰。 5

第一章 关于大陆法系国家目前已经接受或者采用信托制度的多样化途径的思考

玛德林·坎廷·库米恩(Madeleine Cantin Cumyn)*

……从比较法的资料中寻找方向时,法庭必须时刻意识到不同法律体系之间结构性的不同。[1]

I 引言

在魁北克省的民法中引入与信托制度类似的制度,即 fiducie,是一个历经一个世纪仍然没

---

* 本文是在 2009 年 3 月 6 日法学院所作演讲基础上写就的,该演讲是莱昂纳尔·史密斯教授主持的“大陆法系中的信托法论坛”的一部分。作者希望表示对艾德蒙德·酷奇先生的谢意,把本文翻译成了英文。

〔1〕 Lord Steyn, *The Challenge of Comparative Law*, (2006) 8 European Journal of Law Reform 3, 7 (Keynote address at the XVIIth IACL Congress in Utrecht).

有完全完成的过程。[2] 迄今为止,fiducie 仍然没有像合伙制度或者委托(mandate)制度一样真正成为魁北克省一般法中的一部分。

被视为英国法之灯塔的信托制度被吸收进魁北克省的法律文化 6
中,引起了其适应性及其所涉及的法律范畴的共同问题。这些问题在20世纪的整个欧洲也经常被讨论,而在《海牙关于信托的法律适用及其承认的公约》[3](以下简称《海牙信托公约》——译者注)被批准后,这些讨论则变得更加急迫。魁北克省与 fiducie 有关的第一部法律于1879年通过,[4]该法案的通过引发了这种法律工具(fiducie——译者注)的界定的争议,而这需要立法者的介入,最终的结果是通过了《魁北克省民法典》(C. C. Q.),对该法案[指《下加拿大民法典》(Civil Code of Lower Canada,C. C. L. C.)——译者注]予以废止。[5]现在的规定排除了这样一种认识,即 fiducie 就是把财产转移给了受托人,而据此认识得出的结论是受托人成为所有者,而所有权被称为特殊的所有权,因为它内在地受到各种义务的约束。根据《魁北克省民
法典》的规定,fiducie 是一项关于财产占用之构成的制度,也就是说, 7
根据一个目的而用一项财产设立信托,受托人被定性为另外一个人的

---

[2] 在使用英语时,大陆法系的立法界和传统派作家经常使用"信托"(trust)一词,例如,在《魁北克省民法典》及其前身《下加拿大民法典》中的那些制度。然而,当今的行文中则使用"信托"指称普通法系中的信托制度,而用法语单词 fiducie 指称大陆法系中信托制度的移植制度、适应性制度和类似制度。

[3] 《海牙信托公约》于1985年7月1日通过,并自1992年7月1日起生效。

[4] Act respecting Trusts, S. Q. 1879. c. 29. 该法案中的规定在被修改后将成为1888年修订后的 C. C. L. C. 的第981(a)条至第981(n)条的内容。这些规定后来被 C. C. L. C. 的第981(o)条至第981(v)条所补充,该法案定义了被财产管理人所作的投资,S. Q. 1879, c. 30,规定对他人财产进行管理的人原则上要遵守与投资相关的规定。这些规定尤其适用于受托人,除非关于 fiducie 的法案规定其可以免受这些规定的约束。

[5] 《魁北克省民法典》于1994年1月1日起生效。

财产管理人。[6] “关于对他人的财产的管理”的法律规定,被设置在独立于 fiducie 之外的一个题目中,规定的是受托人的行为,如同对其他财产管理人的规定一样。此外,根据法定权力,该法案认可以下解释,即受托人在 fiducie 的范围内有权处理与信托财产有关的事务。[7]

8 由于一些欧洲大陆国家正在接受与信托相似的制度,这些国家参考魁北克省的法律中所积累的经验和所施行的解决方案就是非常自然的事情了。然而,魁北克省在 fiducie 上所做的努力看上去在欧洲还没有重要影响力。[8] 确实,它尝试着把在 fiducie 上的可有可无的兴趣转移到这个选择上来,那就是将 fiducie 定义为没有法人地位的、经过配置(appropriation)的财产。但是,考虑到欧洲在接受信托类型的制度(trust-type mechanisms)时所依托的环境有明显不同,所以由魁北克省立法者们所做的对这个特征所产生的使人生厌之物被铲除,是否自动使人对魁北克省的 fiducie 模式产生更大的兴趣,这一点是令人怀疑的。为了了解欧洲法学家们对 fiducie 的反应,将 fiducie 所产生的

---

〔6〕 新的关于 fiducie 的规定来自 C. C. Q. 的第 2 条和第 1256 条至第 1298 条。本文作者在以下论著中分析了 fiducie 的主要要素,参见 M. Cantin Cumyn, *La fiducie, un nouveau sujet de droit?*, in J. Beaulne, ed., Mélanges Ernest Caparros, Montreal, Wilson & Lafleur, 2002, p. 129, nos. 7 – 9; Cantin Cumyn, *L'acte constitutif d'une fiducie*, in B. Moore, ed., Mélanges Jean Pineau, Montreal, Thémis, 2003, p. 650; Cantin Cumyn, *Pourquoi définir la fiducie comme un patrimoine d'affectation?* in Quebec Research Centre of Private and Comparative Law, Thirtieth Anniversary Conference 1975 – 2005 Cross-examining Private Law, Cowansville, Yvon Blais, 2008, p. 131; Cantin Cumyn, *The Quebec Trust: A Civilian Institution with English Law Roots*, in J. M. Milo and J. M. Smits, eds., Trusts in Mixed Legal Systems, Nijmegen, Ars Aequi Libri, 2001, p. 73; Cantin Cumyn, *The Trust in a Civilian Context: The Quebec Case*(1994)3 Journal of International Trust and Corporate Planning 69。关于另外一个观点,请参见 J. Beaulne, Droit des fiducies, 2nd edn, Montreal, Wilson & Lafleur, 2005。

〔7〕 参见前注 5 中提到的 C. C. Q. 的第 1299 条至第 1370 条。C. C. Q. 的这个部分是以下论文的主题:M. Cantin Cumyn, *Traité de droit civil: L'administration du bien d'autrui*, Montreal, Yvon Blais, 2000。

〔8〕 有一个例外,即看上去会对捷克共和国产生影响,参见 T. Richter, *National Reporter for the Czech Republic*, in S. Kortmann and D. Faber, eds., Towards an EU Directive on Protected Funds(Law of Business and Finance Series), Deventer, Kluwer Legal Publisher, 2009, vol. X. p. 59。

环境因素纳入考量是很重要的。

每个国家所拥有的关于 fiducie 或者信托的观念的形成或多或少会受到一些偶发的内部因素的影响。这些因素在多大程度上决定 fiducie(无论其是否来源于信托)所被期待发挥的功能,取决于它们在多大程度上决定了可以将这些功能用于实践的法律技术的选择。在上述两个方面,魁北克省关于 fiducie 的法律都是沿着一条与欧洲国家明显不同的道路发展起来的。

通过分析迫使一些大陆法系国家接受信托类型的制度(关于为 9
什么是 fiducie? 见第Ⅱ部分),以及 fiducie 被带入的法律范畴(关于是什么类型的 fiducie? 见第Ⅲ部分),以尝试解释这种在方法上的分野。

Ⅱ　支持移植信托或者接受 fiducie 的因素之分析

几乎不需要强调信托在普通法系传统中的重要性。英国法律的历史发展使信托成为必然的选择:信托是普通法和衡平法相区别的最重要的结果。这两种法律秩序(legal orders)在 19 世纪的融合几乎没有减少这种区别的结构性作用。[9] 信托的法律技术是无处不在的,尤其是在以下方面的作用是显著的:在区分普通法上的产权和衡平法上的产权(legal and equitable title)(以及分别对应的各项权利的救济方法)方面;在由受托人的义务设定所决定的行为标准方面;在法庭发现某种情况不公平而赋予移植推定信托或者归复信托(resulting trust)

〔9〕 普通法法院和衡平法院的融合,是根据 1837 年通过的《关于司法的最高法院法案》[36&37 Vict.,c. 66(UK)]而进行的。其后,普通法系的其他成员也通过类似的立法。

来对这种不公平的情况予以救济的方面。[10]

10 即使是对信托感兴趣的国家也不想复制信托的各个方面及其相关制度,这一点非常清楚,即信托的无处不在性使那些不是“普通法系律师”的法学家们产生了困扰。

与 fiducie 的发展脉络相同的是,随着时间的推移,已经被大陆法系国家所接受的信托或者类似制度在应用方面产生了一些差异。我们相信,可以在这个方面划分出两个阶段。第一个阶段是 20 世纪前对信托的接受(见下述 A 节的内容);第二个阶段是于 20 世纪在一个商业性环境中与信托交处的情况(见下述 B 节的内容)。

A. 20 世纪前对信托的接受

身为大陆法系成员而在 19 世纪将信托纳入其本国法律的,都是典型的更大的政治体的一部分,而这些大陆法系成员的法律传统都源于英国法。除魁北克省外,还有南非和路易斯安那州也属于这种情况。直到 20 世纪,在普通法系国家中,信托主要是在一个家族内进行财产转移的情况下所自愿设立的[被称为“个人信托”(personal
11 trust)],或者是在进行捐赠时设立的[被称为“慈善信托”(charitable trust)]。信托的适用很少超出继承法或者婚姻法的范围。[11] 这些就是信托在魁北克省、路易斯安那州和南非的最初适用。在那些来自大英帝国的法域(jurisdiction)中,上述法律体系(指魁北克省、路易斯安那州和南非——译者注)不得不在实践中适用遗嘱信托制度。为确认信托在继承中的适用(在那些法律体系的管辖范围内控制财产的信

---

〔10〕 为了解信托在适用领域的广泛性,特此推荐以下论著:D. W. M. Waters, M. R. Gillen and L. D. Smith, *Waters' Law of Trusts in Canada*, 3rd edn, Toronto, Thomson/Carswell, 2005; P. Lepaulle, *Traité théorique et pratique des trusts en droit fiscal et en droit international*, Paris, Sousseau & Cie, 1932,这本著作并未因时间流逝而失去其价值;C. de Wulf, *The Trust and Corresponding Institutions in the Civil Law*, Brussels, Bruylant, 1965,这本书可以帮助人们清晰地理解这个问题。

〔11〕 参见前注 10。

托),要么是一项关于 fiducie 的法律被通过;[12] 要么是在一个捐赠或者遗嘱法律行为有明示的信托存在时,法庭确认该信托的有效性。[13]

在此,值得我们回忆一下,无偿取得所有权的制度(gratuitous title),因在魁北克省法律辖区内缺乏对财产转移自由的基本限制,从而使一项关于 fiducie 的法律被移植至魁北克省。[14] 由无偿取得所有权的制度转变为 fiducie,继承行为中的信托可以凭借与本土法律中的某些制度,尤其是用益权(usufruct)、信托制度的替代制度(fiduciary substitutions)、[15] 监护制度(tutorship)、根据遗嘱所为的清算制度(liquidation under a will),因拥有共同特征的便利而占有一席 12

---

〔12〕 路易斯安那州于 1882 年通过了关于慈善信托的第一部法律。其于 1938 年通过了第一部承认私益信托(private trusts)的一般性法律,该法律又于 1964 年被一部《信托法典》所替代。参见 A. A. Yiannopoulos, *Trust and the Civil Law: The Louisiana Experience*, in J. M. Milo and J. M. Smits, eds., Trusts in Mixed Legal Systems, Nijmegen, Ars Aequi Libri, 2001, p. 67。关于魁北克省的情况,参见注释 4,以及 M. Cantin Cumyn, *L'origine de la fiducie québécoise*, *in Mélanges Paul-André Crépeau*, Montreal, Yvon Blais, 1997, p. 199。

〔13〕 这是南非的情况,即使《信托财产控制法案》(Trust Property Control Act)在 1988 年才获通过;参见 M. J. de Waal, *The Trust in South African Law*, in M. Cantin Cumyn, ed., Trust vs. Fiducie in a Business Context, Brussels, Bruylant, 1999, p. 87。也可以考察苏格兰的情况:在苏格兰,关于信托的立法只是用于解决具体的问题,参见 J. W. Blackie, *Trust in the Law of Scotland*, in 前注 p. 117。关于苏格兰信托制度的起源,参见 G. Gretton, *Scotland: The Evolution of the Trust in a Semi-civilian System*, in R. Helmholz and R. Zimmermann, eds., Itinera Fiduciae, Trust and Treuhand in Historical Perspective, Berlin, Duncker & Humblot, 1998, p. 507。泽西(Jersey)是另外一个例子:在泽西,关于 fiducie 的法律[《泽西信托法》, the Trusts (Jersey) Law]于 1984 年通过。需要注意的是,在苏格兰、南非和泽西,私法(private law)仍然没有法典化。但是,关于此点,请参见关于信托法改革的建议,该建议在由苏格兰法律委员会在其"信托法评论项目"提供的研讨性文章中可以看到,具体可在以下网址检索:www.scotlawcom.gov.uk。

〔14〕 由于无偿取得所有权的制度而引发的财产处分自由,最开始是以与遗嘱相关的处分自由的形式被引入《魁北克省法案》的。自 C. C. L. C. 于 1866 年通过后,它也适用于捐赠。想了解该原则的历史和适用范围的话,请参见 A. Morel, *Les limites de la liberté testamentaire dans le droit civil de la Province de Québec*, Paris, LGD, 1960, nos. 16 – 42。当今,根据无偿取得所有权的制度而引发的财产处分自由原则是由 C. C. Q. 的第 703 条、第 704 条和第 1806 条及之后的条款所规定的。

〔15〕 魁北克省法律一直是确认信托制度的替代制度的效力的;然而,自 1866 年以来,它的适用时间(duration)却被限制在两个程度(degrees)内(参见 C. C. L. C. 的第 925 条及之后的条款和 C. C. Q. 的第 1218 条及之后的条款)。

之地。

20 世纪，信托在英美法系中越来越频繁地出现在商业环境中，这也导致在此之前接受继承行为中适用信托的法律体系内出现了类似的现象。在魁北克省，这体现在民法典对以一种令人纠结的名称而命名的（by onerous title）、作为一般法（the general law）的一部分的 fiducie 的认可。[16]

13 能够做到这一点，是基于 fiducie 之前已经存在的无偿取得所有权制度模式。

B. 信托与大陆法系在 20 世纪的邂逅

在欧洲大陆国家，由于其法律强行限制以无偿取得所有权制度的形式转移财产的权利（patrimonial rights），使家族信托或者继承信托（family or succession trust）的吸引力急剧减少。信托，或者是可作为其类似制度的 fiducie，只能在规划人们的继承事宜时起到有限的作用，只要他们的家族中有受到规定比例支持的继承人，该比例赋予这些继承人以获得继承的权利，并且该比例通常按照类别划定，其最高比例限制是遗产的 3/4。此外，立法对与信托的替代制度有关的制度的禁止也使在继承行为中的信托面临被认定为无效的严重风险，因为信托也有为几代人保护完整家族财富的目的。

因此，关于信托的应用领域，最吸引欧洲大陆法系国家兴趣的，莫过于与商业有关的场合了。这些信托可以集中到一个被称为“商事信托”（business trust，也可译为“商业信托”或者“营业信托”——译者注）的总类别中，包括共同基金的设立和运营之信托［“投资池信托”（pooled investment trust）］，退休计划的设立和运营之信托［“养老金信托”（pension trust）］，利润共享计划信托［“利润共享信托”（profit-sharing trusts）］，两个合伙人之间的收购安排之信托［“买卖安排信

[16] 参见前注 5 所引的 C. C. Q. 的第 1262 条和第 1267 条。

托”(buy-sell agreements trust)],将公司股票集中到一个第三方手里
进行控制,以便促进该企业的长期和稳定经营的安排之信托[“表决权 14
信托”(voting trusts)],以及债务证券发行之信托[“债券信托”
(debenture trusts)]。[17] 然而,上述信托之应用——其中一些在魁北克省可以被归入繁复的名头之下——不一定在欧洲就得到采纳。它们遭遇了一个来自大陆法系的竞争者,这就是一个分离财产至受托人(alienation to a fiduciary)的设计。

这种分离财产至受托人的设计,最早形成于德国的信托制度(fiduziarische Treuhand)。虽然这种分离财产至受托人的设计看上去与信托无关,但是很明显的是,这种分离财产至受托人的设计可以被用于一些与商事信托类似的范畴中。在分离财产至受托人的设计合同中,归属于他人之物的权利或者财产被转移给受让人(the acquirer),但是随着该转移的是被称为“信义”(fiduciary)的义务,该义务的内容是以一种有利于他人或者第三人利益的方式,来管理、利用或者处分那些已经被购买的标的物。由于原则上没有对安排的目的的限制,因此负有受托义务的购买人所负担的义务就指向不同的目标:该义务可能是一个关于投资管理的问题,可能是从一个处于财务困境的企业分离出来的财产的经营或者清算问题,或者可能是开设一个账户用于特定目的(例如,购买某宗财产或者发行债务证券)将一定数额的钱投入其中的问题。这种分离财产至受托人的设计,也允许通过财产的转移来确保一项请求权(Sicherungstreuhand),事实上该种请求权看上去是这种分离财产至受托人的设计的第一次应用。

显然这种分离财产至受托人的设计很好地适应了商事信托制度。 15
在德国,虽然这种分离财产至受托人的设计已经被应用了一个世纪,但仍然没有立法对此予以规定。法院是支持这种设计的,即使其是在

---

〔17〕 参见前注 10,Waters,Gillen and Smith,*Waters' Law of Trusts in Canada*,p. 544 – 66。

一般法的边缘上发展起来的。[18] 法官们对这种分离财产至受托人的设计的良好态度可以用以下事实来解释:这种设计起到了一种缓冲作用,即在对他人财产进行管理时,提供了委托的一种替代形式;或者,在需要确保一个请求权却缺乏关于动产之上担保的法律时,这种设计可以起到缓冲作用。

德国的这种分离财产至受托人的设计之模式,对德国的一些邻国产生了重大影响。瑞士就是在这方面长期追随德国的——在瑞士,对"管理财产的信托"(fiducie for administration of property)和"担保信托"(security fiducie)制度进行了区别。此外,关于 fiducie 的惯例(the fiducie covenant)在瑞士有一项特别的优势,即考虑到在瑞士模仿的效果是有限的,关于 fiducie 的惯例起到了未披露的委托的替代品的作用。[19] 瑞士本国法律尚未提供关于 fiducie 的立法框架,尽管这种措
16 施已经在考虑了。[20] 然而,瑞士民法对与信托类似的制度是很熟悉的,只不过绝大多数研究 fiducie 的教条主义作家们都不关注罢了。作为法人(a legal person)的家族基金会,是可以永续存在的,可以通过它创设一个财产集合体(a mass of property),目的是为家族成员的教育和培养提供支出或者为他们提供基本生活费用(见《瑞士民法典》第 355 条及后续条文)。瑞士的基金会也允许将财产用于其他特定目的,例如,保养一栋大楼,某个活动的纪念,或者是为某企业的雇员而设立利润分享计划(《瑞士民法典》第 80 条及后续条文)。瑞士的基金会对上述问题的应对,与 C. C. Q. 第 1268 条和第 1269 条关于私益

---

〔18〕 H. Kötz, *Trusts in Germany*, in M. Cantin Cumyn, ed., Trust vs Fiducie in a Business Context, Brussels, Bruylant, 1999, p. 175.

〔19〕 参见《瑞士债务法典》第 18 条。

〔20〕 L. Thévenoz, La fiducie, cendrillon du droit suisse, *Propositions pour une réforme*, Société suisse des juristes, *Rapports et communications*, fascicule 3, Basel, Helbing & Lichtenhahn, 1995; Thévenoz, *The Swiss Fiducie: A Subtle Conceptual Blend of Contract and Property*, in M. Cantin Cumyn, ed., Trust vs Fiducie in a Business Context, Brussels, Bruylant, 1999, p. 309; X. Oberson, *Le régime fiscal des trusts et des fiducies en Suisse*, in J. – M. Tirard, ed., Trust et fiducie, concurrents ou compléments?, Geneva, Academy & Finance, 2008, p. 221.

信托的规定是很接近的。

在属于大陆法系的欧洲其他区域，德国模式的成就，来自克劳德·魏茨（Claude Witz）教授的一本书。[21] 这位教条主义作家（doctrinal author）在其论文中，通过将分离财产至受托人的设计之合同与罗马法中古老的信托合同制度（fiduciary agreement，罗马法中称为 pactum fiduciae，该制度被认为仍然是现代大陆法系的一部分）联系起来的方法，论证了分离财产至受托人的设计之合同的合法性。因此，在大陆法系国家，作为罗马法中的 fiducie 的转化性制度的、用于管理财产的财产管理信托（fiducia cum amico）制度就没有任何不可逾越的障碍了，就像其在担保领域的财产担保信托（fiducia cum creditore）制度中的角色一样。追随着德国模式的榜样，克劳德·魏茨教授所倡 17
导的 fiducia 中所暗含的意思是，财产是随着约束购买人的义务而转移的。这一点，已经在 1983 年卢森堡关于 fiducie 的立法[22]和 2007 年《法国民法典》第 2011 条至第 2013 条的规定中得以确立。[23] 最后，由于分离财产至受托人的设计以历史上的 fiducia 的现代版本的身份而出现，所以虽然没有立法规则对其进行更多确认，但是人们也不能质疑其在法律上的有效性。因此，其也为西班牙、意大利和荷兰的信托安排（fiduciary arrangements）提供了正当性，[24] 尽管《荷兰民法典》明确地在第 3:84.3 条禁止担保信托的适用。

职是之故，在大陆法系的大家族中，fiducie 成为包含不同种类之应用的标签。在魁北克省，fiducie 最初是允许在继承事实发生时适用

---

〔21〕 C. Witz, *La fiducie en droit privé français*, Paris, Economica, 1980.

〔22〕 最开始是在 1983 年 7 月 19 日的《大公法》（the Grand Ducal Regulation）中引进的，fiducie 在卢森堡的问题已经成为一部新法律的主题。参见 loi du 27 juillet relative au trust et aux contrats fiduciaires; loi du ıer août 2001。

〔23〕 Loi no 2007 - 211 du 19 février 2007 instituant la fiducie.

〔24〕 参见 S. C. Lapuente, *Trusts in Spanish Law*, in M. Cantin Cumyn, ed., Trust vs Fiducie in a Business Context, Brussels, Bruylant, 1999, p. 191; M. Graziadei, *Trusts in Italian Law*, in ibid., p. 265; M. E. Koppenol-Laforce and R. J. P. Kottenhagen, *The Institution of the Trust and Dutch Law*, in ibid., p. 289。

18 信托的一种设计。如今,它已经在商事信托的激励下延伸至商业领域,自 1994 年以来,fiducie 可以被冠以各种名称,包括用于投资或者其他营利目的,或者用于金融目的。然而,在 fiducie 被用来做担保委托人的债务时,如果它赖以建立的行为被公开,它只能作为为债权人的利益而设定的抵押权。这一点是没有什么意义的,即由《魁北克省民法典》第 1263 条规定对该合同赋予其立法上的重新定性(legislative recharacterization)的方案——一个在加拿大属于普通法系的省份进行的、与在信托中消除财产转移可能性来担保债务的清偿有关的担保交易法律改革的解决方案类似的方案。[25] 很明显,魁北克省在北美洲的地理位置,是其接受了作为其所有邻居都认可信托制度等同物的 fiducie 的决定性因素。

在欧洲,fiducie 是以合同或者信托安排的形式出现的,而这些合同或者信托安排从不具有带来自由目的的属性。这些合同或者信托安排主要是金融机构在管理财产或者担保请求权时构建有关关系的过程中发展起来的。分离财产至受托人的设计之实践,或者在极少数情况下的 fiducie 的设计,在立法上是被确认了的。与魁北克省法律上
19 的 fiducie 是从一开始就是为了接受普通法系的信托制度(the trust of the common law)而由立法者引进的制度这一点形成对比的是,分离财产至受托人的设计之出现,呈现出它自己的特色。

Ⅲ 应该如何定义 fiducie,或者说大陆法系应该如何接受信托制度

一旦人们认识到魁北克省法律中的 fiducie 制度与欧洲大陆法系

〔25〕 比较一下《魁北克省民法典》第 1263 条和第 2733 - 94 条与 1990 年《动产担保法》c. P. 10.(the Personal Property Security Act, R. S. O. 1990, c. P. 10)。魁北克省法律对担保信托的拒绝来自前注 3 所提到的《海牙信托公约》,该公约在第 15(d)条中允许排除该公约中与不动产担保有关条款的适用。

中的 fiducie 制度产生时所依托的环境是不同的,人们也就不会惊讶于那些环境也影响了魁北克省法律中的 fiducie 制度的主要内容,而这些主要内容则使魁北克省法律中的 fiducie 制度与欧洲大陆法系中的 fiducie 制度有很大的不同。1994 年之后,魁北克省法律中的 fiducie 制度已经具有这样一种性质,而这种性质是研究这种制度时必须转换角度来看的(见下文 A 小节)。这种性质不但改变了魁北克省法律中的 fiducie 制度在过去的样貌(这种过去的样貌是非常忠实地学习信托制度的结果),而且也使魁北克省法律中的 fiducie 制度与欧洲大陆法系中的 fiducie 制度在形式和结构上渐行渐远(见下文 B 小节)。

A.《魁北克省民法典》中的 fiducie 制度

魁北克省关于 fiducie 制度改革的主要目标,是为这种制度寻找出一种合适的特征,从而使这种制度在大陆法系的环境中找到自己的位置。促进人们对这个问题进行思考的典型情况是将 fiducie 作为自由(liberality)予以应用时(这是当时唯一的被官方认可的应用)。对上述改革的需要,体现在以下几个方面。首先,对于这项由 1879 年颁布的法案(根据该法案,fiducie 制度导致了财产从委托人处转移到受托 20
人的财产中去)所创设制度的分析结果,与该法案的条文是抵牾的——该法案中的几个条款都明确规定,受托人(the trustee)取得了根据 fiducie 制度所移转财产的控制权是财产管理人(an administrator)的特征。[26] 其次,法院曾经对 fiducie 制度下的受托人赋予专门所有权(ownership sui generis),这是对英美法系中受托人普通法上的产权(legal title)的概念移植,[27] 但是它却没有规定一种机制

〔26〕 参见 C. C. L. C. 的以下条款:第 981(b)条、第 981(c)条、第 981(d)条、第 981(e)条、第 981(g)条、第 981(h)条和第 981(i)条。

〔27〕 此分析是建立在两个判决之上的:前一个是 Curran v. Davis[1933] S. C. R. 283,后一个是 Royal Trust Co. v. Tucker[1982]1 S. C. R. 250。作者在以下文章中对后一个判决进行了批评:M. Cantin Cumyn, *La propriét fiduciaire: mythe ou réalité*? (1984) 15 R. D. U. S. 7。

来确保受托人完全是为了受益人的利益而实施勤勉的(competent)、忠实的(honest)和守信(faithful)的管理职责。事实上,在大陆法系国家所规定的所有权分层制度(ordering of ownership),并没有提供与在普通法系的信托制度中受益人根据衡平法上的所有权所享有的救济相类似的措施。魁北克省法律从未接受普通法上的产权和受益性产权(a beneficial title)的区分。由于受托人是信托财产的所有者,因此受益人只能基于权利滥用或者欺诈而起诉,以应对受托人的无能(ineptitude)或者失信(a breach of faith)行为。[28] 因此,要想完成与上述诉讼理由相关的举证责任是相当困难的。

为避免专门所有权的弊端,魁北克省法律选择了 fiducie 这个概念。
21 不可否认的是,这个概念与作为初始模型的信托拉开了距离,但是 fiducie 这个概念确为魁北克省法律上的信托概念提供了一个有竞争力的法律分层(legal ordering),即使是与信托相比时也是如此。作为“被配置的财产”(patrimony by appropriation),fiducie 成为一个自治的实体,这个自治的实体是由委托人为特定目的而拨出的财产的所有者。它的财产形成了一个法律上的共同体(a juridical universality),而法律认为这个共同体独立于信托所涉及的人的财产。只有来自 fiducie 财产范围内的财产才对执行上述特定目的而形成的债务负有清偿义务。原则上,信托赋予了信托的利害关系人以免于承担因 fiducie 所产生的债务的待遇。完全由受托人对这个法律上的共同体进行管理。作为一个对他人财产拥有完全管理权的管理者,受托人被授权以名称繁复的产权的名义,实施任何法律行为来完成其任务。[29] 受托人对信托财产的管理所受规制的内容,与法律关于对他人财产的

---

〔28〕 如欲了解作者关于所有权的概念更为完整的、重要的观点,请参见前注 6 中提到的作者的文章。

〔29〕 参见前注 5 中提到的 C. C. Q. 的第 1278 条、第 1306 条和第 1307 条。作者在以下文章中验证了充分授权下的权力的范围,即前注 7 中提到的文章:Cantin Cumyn, *L'administration du bien d'autrui*, nos. 187 –210。

管理及相关的救济的管制的规定相近。[30]

如果 fiducie 在魁北克省法律中被严格而清晰地界定了，那么欧洲的情况就不一样。

B. 欧洲大陆法系中的 fiducie

如我们已经看到的，在欧洲，fiducie 这个术语总体上应用在分离财产至受托人的合同中，这种合同的目的是财产管理或者担保一项请求权。 22
采用了 fiducia 模式的 fiducie 的概念，在它的法律分层问题上导致了两个层次的困境。首先，此种信托安排是以财产转移的合同的性质来定位的——同时，随着此等财产转移的是约束受让人的义务。根据合同的权利和义务只能约束合同当事人的原则，第三人不能依据约束受让人的义务的规定而对受让人行使请求权。因此，除非是在与转让人有关的情况下，否则将所转移的财产仅用于特定目的的承诺就没有效力了。第二个困境的产生是因为管理他人之物的设计在分离（alienation）、产权和所有权的概念之间产生了紧张的关系。在欧洲大陆法系中 fiducie 的概念下，财产的转移很显然是以一定财产为标的的，而该财产的产权很显然转移给了受让人，而该财产及其所有权的转移都仅仅是为了取得一个独立标的而采取的权宜之计。一方面，将财产转移给信托受让人（fiduciary acquirer）的转移行为总是暂时性的。[31] 因此，在某些事实发生时，受让人一般应该负有通过执行一个新的转移的方式而将财产返还给那些之前将该财产分离（alienate）的人。fiducie 结束时，在无须一项平行的（translatory）法律行为的情况下就会将该财产返还给委托人（settlor），这使此种分离看上去只是一种技术性的外观。[32] 另一方面，由信托合同所决定的信托所有者的 23

〔30〕 参见前注 5 中提到的 C. C. Q. 的第 1299 条至第 1370 条。

〔31〕 参见《法国民法典》（C. C. F. ）第 2018 条、第 2020 条和第 2030 条。

〔32〕 作者将卢森堡相关法律的第 5 条对 fiducie 的定义重点总结为："fiducie 是一个合同，根据该合同，某人（委托人）与受托人达成以下协议，即受托人根据双方当事人达成的合意所负有的义务，使受托人成为信托财产的所有者。"另参见《法国民法典》第 2030 条。

性质,并不意味着信托所有者向受让人支付个人利益。这种性质只是授予了受让人一种有权实施那些对实现信托安排的目标有用的法律行为的地位。实际上,分离财产至受托人的设计并未转移该财产的所有权,而是就该财产授予了受托人一些权力。

从法律的立场来看,分离财产至受托人的设计是一种脆弱的设计,[33]尤其在受让人违背诺言时或者在受托人破产时不保护将财产分离出去的人的利益。因此,(一些国家)通过惯例或者立法而采取一些措施来抵消那些信托安排的不足。其中一个措施,是将分离财产至受托人的设计的应用范围限制在商事范围内(the realm of business)。在德国,分离财产至受托人的设计从未超出金融领域——在此领域,可以安全地假定:将其财产分离的人是经验丰富的当事人,并且能够判断这类合同的风险,而典型的受让人是一个受规制的金融机构。

24 瑞士与德国的情况也是相同的。卢森堡的立法把分离财产至受托人的设计限制在特定领域内——有关立法要求受托人必须是在金融行业从事经营活动的组织,尤其是从事借贷的组织、投资类的企业、从事证券或者保险服务的企业。[34]《法国民法典》新增加的关于fiducie 的一章中遵循了同样的模式:它将受托人的范围限制在受规制的金融机构和律师协会的成员(members of the Bar)。[35]

强化 fiducie 合同效力的第二个方法是确认被分离到受托人之处的财产在受让人处形成一项独立的财产(a distinct fund)。在德国和瑞士,法院对此种方法给予了有限的应用范围,尤其是在所涉及的被转让的财产仍然被受托人持有时,为防止受托人的债权人企图获取该被转让的财产时,在被转让的财产范围内该方法是要得到应用的。在卢森堡和法国,近期的立法将被转让财产独立于受托人自己的财产的

---

〔33〕 克劳德·魏茨教授明确地确认了这种脆弱性:参见前注 21 中提到的文献,即 Witz, *La fiducie en droit privé français* 的第 18 条注释以及第 274 ~ 316 条注释(关于 fiducie 的法律范围)。

〔34〕 Loi du 27 juillet 2003 relative au trust et aux contrats fiduciaires, articles 4 – 5.

〔35〕 参见《法国民法典》第 2011 条和第 2015 条。

理念写了进来。[36] 基于更好地规制受托人为委托人或者受益人的利益所实施的行为，其他几项措施也被规定在《法国民法典》关于 fiducie
的那章中。[37] 很明显，这些措施很难与受托人所被赋予的所有者的 25
特征相一致。因此，在欧洲，信托财产（fiduciary property）的所有权越来越成为复制版的专门所有权（ownership dubbed sui generis），而这种专门所有权制度已经被魁北克省法律所放弃：规定专门所有权制度是魁北克省改革之前的情况，利用所有权的标签是一种方便的权宜之计，但是它仍然是一个退而求其次的选择，因为它与受托人在民法中的真实地位并不一致。[38]

Ⅳ　结论

从魁北克省法律中 fiducie 的角度分析欧洲 fiducie 制度，我们能
够得出什么结论呢？首先，魁北克省法律视 fiducie 为一个独立的实 26
体，并且能够很轻易地将此独立的实体认定为一个法人。尽管《魁北克省民法典》中关于 fiducie 的条款中有关于财产的规定，但是魁北克

---

〔36〕 参见《法国民法典》第 2011 条、第 2024 条和第 2025 条。也请参见卢森堡法律（the Luxembourg law）的第 6 条。

〔37〕 尤其是以下措施：受让人应该明确地界定在 fiducie 项下而被转移的财产（见第 2021 条），以及受托人为完成其受托的任务要开设一个账户（第 2022 条）；在 fiducie 项下而被转移的财产不受受托人破产的追索；在受托人违反其承诺时其可以被更换（第 2027 条）。

〔38〕 此外，受托人的真实法律地位问题，在涉及信托或者 fiducie 的安排的税收单位问题时显得尤为重要，因为此时会有信托导管理论（the conduit theory）的适用问题。参见 *Trust et fiducies：concurrents ou compléments？ Actes du colloque tenu à Paris les* 13 *et* 14 *juin* 2007，Geneva，Academy & Finance，2008。如欲了解关于信托的法律分层问题、fiducia 的问题以及魁北克省法律中的 fiducie 的问题，请参见 M. Cantin Cumyn，*La fiducie face au trust dans les rapports d'affaires*，in M. Cantin Cumyn，ed.，Trust vs. Fiducie in a Business Context，Brussels，Bruylant，1999，p. 11。这篇文章提交于 1998 年召开的“第 25 届比较法国际代表大会”中关于信托法论题的总报告。这篇文章也以以下形式公开发表：M. Cantin Cumyn，*La fiducie：Droit des biens ou droit des obligations？* in John Bridge，ed.，Comparative Law Facing the 21st Century，United Kingdom，United Kingdom Comparative Law Series，2000，vol. XX. p. 217。

省法律中的 fiducie 并未与真正的权利建立具体的联系,它也并未与关于义务的法律有什么具体的联系。更正确的理解应该是,它与法人制度建立了联系。其次,随着 fiducie 制度建立的,是对大部分来源于自由环境(the context of liberalities)的要求,这种自由的环境是 fiducie 产生和被最频繁地持续适用所依赖的环境。最后,fiducie 授权的财产配置——换言之,就是其所设定的目标——必须满足法律所认可的 fiducie 可以采取的形式。显而易见的是,总体来说,魁北克省法律上的 fiducie 有一个严格的结构,这种情况与欧洲特色的 fiducie 形成鲜明的对比——欧洲特色的 fiducie 经常在没有任何立法框架的情况下存在。实践中,欧洲的 fiducie 的各种功能之实现,并不总是要求财产的转移,这使定义 fiducie 的任何努力都变得没有意义。[39] 如果对
27 fiducie 的这个定义看上去满足了欧洲国家对它的需要,那么魁北克省模式很难对它有什么大的贡献。

这不应该是魁北克省法律另一项创新的情况,即管理他人的财产。实际上,分离财产至受托人的设计——至少在"fiducie 被用于管理财产"的情况下——是用于防止用法律的强制令来约束双方当事人的法律关系的。并且,《魁北克省民法典》中关于管理他人财产的名称[40]是准确地为管理他人的财产这个问题提供成文化规定的。如此,人们可以利用这些规定,而不是不得不适用那些关于强制令的很不充分的规定。这些成文化的规定所反映出的相关主观(subjective)权利(其持有者被认可的权利)和权力(某个法律主体为了他人的利益或者实现某个目标的而被授予的权力)之间的重大

〔39〕 我们注意到在英国法律传统中也没有关于信托的定义。人们不能总结出任何有用的公式来涵盖所有的应用。1985 年的《海牙信托公约》反映了这个现实,因为这个公约并未尝试定义作为其主题的这一制度。从这个角度来看,传承自 fiducia 的欧洲 fiducie 制度倒是与信托制度是相似的。这种蕴于其中的相似性却暗藏一个陷阱。有一项制度而没有关于该制度的定义,这在大陆法系传统中是个并非不重要的问题——在大陆法系传统中,下定义是分析的必要组成部分。一个定义,即通过对一项制度的叙述,是根据法律范畴来对一项制度进行定位的,并且清楚地规定该制度适用的法律范围。

〔40〕 参见前注 5 中提到的《魁北克省民法典》第 1299 条及之后的条款。

区别,表明在分离财产至受托人的设计的所有实质意义:在该设计中,信托安排寻求的是赋予第三方以对不属于他自己的财产自主地实施法律行为的权利。[41] 28

〔41〕 关于权力的概念,参见 M. Cantin Cumyn, *The Legal Power*(2009) 17 E. R. P. L. 345。这篇文章也以法文的形式发表了:*Le pouvoir juridique*(2007)52 McGill L. J. 215。关于角色定位(characterization)的作用,参见 M. Cantin Cumyn, *La qualification du pouvoir ou le pouvoir de la qualification*, *in Libres propos sur les sources de droit*:*mélanges en l'honneur de Philippe Jestaz*, Paris, Dalloz, 2006, p. 79。

第二章 大陆法系根据《海牙信托公约》对普通法系信托制度的承认

——尤其是意大利的经验

米歇尔·格雷佳德（Michele Graziadei）

I 引言

具有一些讽刺意味的是，法律上复杂的难题经常源于一些看上去简单的日常交易。例如，我们假定某位父亲直接为他儿子购买一套公寓。然后，卖方根据父亲的指令，将公寓转让给儿子。那么，谁是那个在这个儿子名下公寓的所有者呢？

这个问题肯定引起了动机问题。例如，这位父亲的动机是要将这个公寓赠与这个儿子吗？但是，这个基本的事实模型也引发了关于用于界定最终决定案件结果的可操作性规则的法律范畴的问题。可以举例说，有人会对这种情况下所有权的准确含义产生疑问。这个儿子

是为这位父亲而持有这套公寓吗？这个儿子将会像用他自己的钱购买土地从而处置这套公寓吗？对于上述问题的答案,会随着案件发生
地从英国到法国,或者从多伦多到蒙特利尔而有变化吗？另外,上述 29
不同法域对由此交易所产生的权利和相应的义务及所能够提供的救济存在不同吗？

任何有国际经验的律师都知道,在全球范围内,法律范畴(legal categories)是不同的;并且他们也知道,这个问题本身就是由于不同法域对同一事实的不同定性所导致的复杂性的源泉。[1] 欧盟法院(the
European Court of Justice)在著名的 *Webb v. Webb* 案[2]中就遇到了在 30
上述难题中做选择的问题,该案件为作者编写上述案例提供了灵感。

在一些法律体系中,类似上述问题可以在一个规定很完善的法律部门,即信托法(the law of trusts)中获得答案。另外,有一些法域,则没有整体上处理信托问题的法律。在这些法域中,可能有一些制度和

---

[1] 然而,这一点有时会被人忽略,即使那些人是一些主要的、国际性的参与者(players)。参见 Dubai Aluminium Company Ltd v. Deloitte Haskins and Sells(6 July 2001)(Commercial Court)[2001]WL 720320。在本案中,代理迪拜一方的英国当地一家律师事务所起草了一个明确地由阿联酋的法律管辖的、其中设定了一个匿名股权的信托文件。这个交易是按照在英格兰和威尔士法律上很常见的路线来设计的——却不是按照迪拜的法律来设计的,而阿联酋的法律是历史性地建立在法国的法律传统之上的。与英国的这些律师们所设想的正相反,迪拜的法律对信托和受益人所有权一无所知,因此,"参考由迪拜的 Allen 和 Overy 所起草之信托的声明中的条款对信托是没有意义的"。"在法庭上,没有关于为什么迪拜的 Allen 和 Overy 选择了起草一个与一家迪拜的公司的股份有关的信托声明,而在信托对他们所明示选择的迪拜的法律而言是一个未被知晓的概念时却约定该信托声明受迪拜的法律所管辖的解释。"[见 Thomas J. 的话(per Thomas J.)]为解决一个在迪拜设立的公司是否有迪拜的法律所要求的两个股东的问题——本案中一个股东被指定为隐名股东——法庭不得不开始艰苦的比较工作,来明确创设股权信托的目的该如何界定以及是如何生效的(如果根据迪拜的法律能够生效的话)。

[2] 参见 Webb v. Webb[1994]ECR Ⅰ -1717[1994]QB 696(ECJ)。欧盟法院的这个判决是以对由英格兰和威尔士上诉法院提出的一个关于物权(rights in rem)这个表述的含义所作的初步判决(preliminary ruling),该表述最初出现在《布鲁塞尔民事和商事管辖权和判决执行公约》(以下简称《布鲁塞尔公约》)第16(1)条中,这个条款现在是欧盟理事会条例第44号[now article 22(1) of Council Regulation(EC) No. 44/2001 of 22 December 2000, OJ L 12/1]。关于其要点,参见 Ashurst v. Pollard[2001]Ch. 595; Prazic v. Prazic[2006]EWCA Civ 497。

规则来处理在别的地方用一整套成熟的信托法来处理的难题;但是根据当地的法律,人们仍然不得不在没有关于信托的整体观念的情况下适用这些制度和规则。在这些法域中,关于整体上的信托法的专门概念是付之阙如的;同样地,在这些法域中也没有这样的观念,即信托是足以灵活地覆盖大量的、可涉及任何环境和任何种类的财产的安排的持有财产的设计。

本章的内容是介绍性的,旨在从可适用于这些制度的法律规则的
冲突之完善的角度,探讨上述不一致问题是如何被处理的。我们将聚
31 焦欧洲尤其是意大利的情况。[3] 在国际层面上,自《海牙信托公约》
被采用后,已经产生了一项这方面的变革。[4] 这一变革已经超出了
一些国家采纳关于信托的适用及其承认的、新的一系列冲突规则的范
围。实际上,《海牙信托公约》吸引了人们对信托在大陆法系中几个关
键法域之情况的新的兴趣,并且激发了在本国法律制度中引入符合
《海牙信托公约》规定的信托制度的法律改革。意大利就是这方面一
32 个很好的例子。意大利目前正在考虑一项旨在引入与普通法系法域
中,至少是与主动创设类型的信托的一些优势有关的制度的立法
改革。

---

〔3〕 关于欧洲的部分,分析的范围限于《海牙公约》(the Hague Convention)所规定的关于承认方面的规则,以及后面第Ⅲ部分所讨论的公约前规则(pre-Convention rules)。然而,这里需要中肯地指出的是,一些学术界的倡议,如果被欧盟采纳而予以立法规定的话,将会改变欧盟国家在这个领域的一些基本法律,或者是在很多情况下为私法领域的当事人(private parties)提供一些可选择的方法。下列文章覆盖了信托法的原则和规则的完善问题:D. J. Hayton, S. C. J. J. Kortmann and H. L. E. Verhagen, eds., *Principles of European Trust Law*, The Hague and Deventer, Kluwer International Law, 1999;关于适用于欧洲私法改革的广泛框架的项目:C. von Bar, E. Clive, H. Shulte-Nölke et al., eds., *Draft Common Frame of Reference*, Munich, Sellier, 2009, chap. 10(然而,这个文献远远超过了欧盟委员会关于欧洲私法统一的项目的范围)。关于"专项"资金("ring-fenced" fund)的指令之建议的完善,参见 S. C. J. J. Kortmann, D. J. Hayton, N. E. D. Faber, K. G. C. Reid and J. W. A. Bienmans, eds., *Towards an EU Directive on Protected Funds*, Deventer, Kluwer Law, 2009。关于不同项目的具有启发性的讨论,参见 A. Braun, *Trust in the Draft Common Frame of Reference: The "Best Solution" for Europe?* (2011) 70 C. I. J. 327。

〔4〕 《海牙信托公约》于1985年7月1日签署,并于1992年7月1日生效。

如果上述改革完成的话，意大利将会加入以下法域——如弗兰克斯·巴利尔和何锦璇在本书中所描述的那样，这些法域包括法国和中国。就意大利而言，这将是在《意大利民法典》下法律的历史新篇章的开始。[5] 但是，对此种情况下意大利的法律予以某些关注还有第二个理由。加入《海牙信托公约》后，为了意大利受益人的利益，或者是为了促进在意大利执行的目标，意大利并没有等待立法改革后再去抓住由《海牙信托公约》提供的机会，以创设建立位于意大利财产之上的信托；他们依据《海牙信托公约》第 6 条的规定创设了一些信托。以下这些问题都是一些可引起人们兴趣的话题：这项实践的基础有哪些？它是怎么发展起来的？支持和反对这项实践的理由有哪些？这项实践在其他法域可能产生的效果可以给予人们哪些启发？我们可以看到，由意大利的律师们对《海牙信托公约》的上述应用，在法律移植是 33
怎么发生的问题上会对人们产生一些启示。而且，意大利的律师们的上述应用提供了一种调和行为（mediated actions）的样板，[6] 以及在欧洲范围内通过互相学习而促进法律变革的可能性，这种相互学习是欧洲国家法律迈向更紧密的一致性的一种途径。[7]

第一部分将使人们看到，《海牙信托公约》是如何在关于信托的法律冲突及其承认的规则这一问题的转折点上留下自己的印记的。在某种意义上，达成《海牙信托公约》之前的那个时期代表着这个主题的史前时期（prehistory），因为彼时在大多数法域（包括主要的普通法系

---

〔5〕 代表旧篇章的是《意大利民法典》第 627 条中关于受托人的处分权（fiduciary dispositions，意大利语为 disposizione fiduciaria）。根据这条规定，遗嘱中秘密的或者半秘密的受托人的处分权是不可执行的。关于这条规定的历史背景，参见 M. Graziadei, *The Development of Fiducia in Italian and French Law from the 14th Century to the End of the Ancien Régime*, in R. Helmholz and R. Zimmermann, eds., Itinera Fiduciae: Trust and Treuhand in Historical Perspective, Berlin, Duncker & Humblot, 1998, p. 327。另参见后注 52 中提到的文献。

〔6〕 关于调和行为的探讨，参见 M. Graziadei, *Legal Transplants and the Frontiers of Legal Knowledge* (2009) 10(2) Theoretical Inquiries in Law article 14。

〔7〕 F. Cafaggi and H. Muir Watt, eds., *Making European Private Law*, Cheltenham, Edward Elgar, 2008, p. 350.

中的法域),都没有成熟的、专门的冲突制度来规范信托。《海牙信托公约》通过提供以下解决方案,建立了一套关于该等冲突制度(system of conflicts)的新框架:规定在选择适用的法律时,当事人可以有更大的意思自治空间;加强跨境信托及其效力的承认的规定。1992 年,《海牙信托公约》开始生效,之后,几个国家都在努力弄清楚相关条文的意思及其影响。该等努力需要引起注意,因为《海牙信托公约》标志着与之前实践的分道扬镳,因此导致了新的难题。言已及此,作者发现,如对《海牙信托公约》进行全面评论,则已经超出了本文的目标,这已经远非作者能力之所及了。

34 第二部分介绍了《海牙信托公约》在意大利的影响。希望对意大利的聚焦可以帮助读者了解《海牙信托公约》如何促进国内法律创新和法律改革,而国内法律则可通过立法的形式进行改革。

Ⅱ 对《海牙信托公约》适用范围的简介

在分析《海牙信托公约》是如何改变关于信托及其承认的冲突规则之前,对《海牙信托公约》条文不熟悉的读者可能想要对它有一些更深的了解。[8]

首先需要说明的是,如其最后条款所示,《海牙信托公约》的英文文本和法文文本具有同等法律效力。如同其他双语法律一样,《海牙信托公约》两个语言的文本确实存在一些重大的差异,这一点毋庸多言。需要提醒一下,会有一些这样的案件,即在这些案件中,需要根据有关多语言国际公约所规定的规则对《海牙信托公约》进行翻译——

[8] 《海牙信托公约》的导言:Actes et documents de la Quinzième session 8 au 20 octobre 1984, tome Ⅱ, Trust-loi applicable et reconnaissance-Proceedings of the Fifteenth Session (1984), Volume Ⅱ, Trusts-Applicable Law and Recognition (The Hague: HCCH Publications, 1985)。

这方面的知识,可以从 1969 年《维也纳条约法公约》中获取。[9]

《海牙信托公约》建立了以下规则,即关于信托的法律适用规 35
则[10]和需要对信托进行承认的规则[11],而且上述这些规则都必须结合《海牙信托公约》总则中所包含的其他规则一起予以理解和领会(be read)。[12] 这意味着,加入《海牙信托公约》的国家有一套统一的、适用于一定种类之信托的冲突和承认的规则。

《海牙信托公约》的成员方根据"承认"(recognize)信托的义务,即那些符合《海牙信托公约》第 2 条中关于信托规定的法律关系将会在《海牙信托公约》的管辖地(in the forum)生效,除非《海牙信托公约》另有规定。更具体地说,上述法律关系必须在无须考察他们不同的或者替代性的特征的情况下即得到承认,这一点在《海牙信托公约》第 11 条有专门的规定:"一项根据[可适用的法律]([applicable law])创设的信托应该被承认为信托。"[13]

这种直接的方法,要求我们努力地阐明什么是符合《海牙信托公约》目的的信托。故此,《海牙信托公约》第 2 条规定,符合《海牙信托公约》目的的"信托"一词的意思是,"指一个人(委托人),为了受益人的利益或者一个特定的目的,在财产已经被转移至受托人的控制之下时即已创设的、无论是在生前还是身后生效的(inter vivos or on death)一种法律关系"。这个重要的规定由关于《海牙信托公约》目的的某
些关键特征予以完善: 36

"一项信托有以下特征:

a)被转移的财产(the assets,即信托财产——译者注)构成了一项独立的财产(a separate fund),并且不是受托人固有财产(the trustee's

---

[9] Vienna Convention on the Law of Treaties, Vienna, 23 May 1969, in force 27 January 1980.

[10] 参见前注 3 中提到的《海牙信托公约》的第Ⅱ章中的第 6 条至第 10 条。

[11] 同前注,第Ⅲ章中的第 11 条至第 14 条。

[12] 同前注,第Ⅳ章中的第 15 条、第 16 条、第 18 条和第 19 条。

[13] 同前注,第 11 条。

own estate)的一部分;

b)信托财产的产权(title to the trust assets)是在受托人的名下或者是在另外一个代表受托人的人(another person on behalf of the trustee)的名下;

c)在其所负责的范围内,根据信托的条款和法律对其所规定的特定义务,受托人有权力和义务来管理(manage)、利用(employ)或者处分(dispose of)信托财产。”〔14〕

《海牙信托公约》适用于自愿设立并且是书面签署的信托,〔15〕但是签约国有权将其适用范围扩大至该国司法裁决所公开认可的信托,〔16〕如同欧洲的英国和瑞士已经做的那样。另外,《海牙信托公约》并不适用于与遗嘱有效性有关的初级问题(preliminary issues),或者由其性质所决定的、将财产转移给受托人的其他行为所涉及的初级问题。〔17〕 上述行为的效力仍然留待解决——无论是关于其形式还是内容的法律——这是因为参加《海牙信托公约》讨论的各国代表们无法在这方面的规则问题上达成一致。

如果某一个国家已经批准(adopted)《海牙信托公约》,那么即使某信托是被《海牙信托公约》的非签约国的法律所管辖,《海牙信托公约》的冲突和承认规则仍然是适用的。《海牙信托公约》有一个统一
37 的特征,即签约国可以在关于承认外国信托的义务方面作出互惠(reciprocity)之保留(reservation)。〔18〕 所以,举例来说,一个由非签约的法域(如马萨诸塞州)的法律所管辖的信托,应该根据《海牙信托公约》的规则在英国得到承认,而无须证明互惠的存在。

---

〔14〕 同前注10,第2条。为避免歧义,《海牙信托公约》第2条补充规定:“委托人对于某些权利和权力的保留,以及受托人自己可以拥有作为受益人所拥有的一些权利的事实,不一定与信托的成立相冲突。”

〔15〕 同前注,第3条。

〔16〕 同前注,第20条。

〔17〕 同前注,第4条。

〔18〕 同前注10,第21条。做那样一个关于法律选择之规则的保留是不可能的。

《海牙信托公约》在批准和同意方面取得的成功虽然不能算伟大，但也是重大的。在欧洲，《海牙信托公约》在意大利、列支敦士登、卢森堡、圣马力诺、马耳他、摩纳哥、荷兰、瑞士和英国都已生效。而英国则将《海牙信托公约》的适用范围扩大到了泽西岛、直布罗陀、根西岛（但不是阿尔德尼岛和萨克岛群岛）、蒙特塞拉特岛、特克斯和凯科斯群岛、百慕大、英属维京群岛和其他一些海外领地。〔19〕 在欧洲之外，《海牙信托公约》还在澳大利亚和加拿大除安大略省和魁北克省以外的所有省份生效。其他国家，如美国，已经签署但尚未批准加入。为使这个图更完整，人们可以将一些虽然尚未加入《海牙信托公约》但是有以下特征之一的国家加入进来：那些已经采用根据《海牙信托公约》的模式（approach）所制定的规则的国家，大体是采用根据《海牙信托公约》的模式而制定自己规则的国家，或者采用与根据《海牙信托公约》的模式所制定的规则可共用的（compatible）规则的国家。比利时就是这样的情况。《比利时国际私法典》（自 2004 年 10 月 1 日起生 38
效）在其第 12 章里有一套关于信托的法律适用的规则（见该法典第 122－5 条）。这些规则可以很容易地被归源于《海牙信托公约》，尽管这些规则与《海牙信托公约》的相关规则所起的作用并不完全相同。〔20〕

在立法体制多元化（plurilegislative）的国家，《海牙信托公约》所包含的冲突和承认规则能够管辖国际和国内冲突法，尽管某一国家并无义务将《海牙信托公约》适用于国内法律冲突。〔21〕 因此，举例来说，《海牙信托公约》管辖国内冲突法——如英格兰和苏格兰的冲突

---

〔19〕《海牙信托公约》现在的覆盖范围，可以在海牙国际私法协会的网站上查询：http://hcch.e-vision.nl。

〔20〕 P. Matthews, *Trusts in Belgian Private International Law: Selected Provisions from the New Belgian Code of Private International Law*（2005）19 Trust L. I. 191，是连同注释一起被译为英文的。类似地，《魁北克省民法典》（第 3107－8 条）关于信托的法律适用选择的条款（the choice-of-law provisions）也参考了《海牙信托公约》的内容。

〔21〕 同前注 10，第 21 条。

39 法——相反地，澳大利亚排除了此种做法。[22]

Ⅲ 大陆法系在《海牙信托公约》签署前的阶段：法律冲突规则及对信托的不真正承认（non-recognition of trusts as such）

为理解《海牙信托公约》是如何改变大陆法系有关法域关于适用信托的法律冲突规则，有必要考察该等法域所通行的相关法律冲突规则。

尽管很难总结，但是这些规则并不包括关于信托的具体规定；进一步说，这些规则并不真正承认信托——无论人们所看到的是那些国家的地方立法还是司法裁决中的规则。大陆法系国家有关法域缺乏关于信托的专门法律冲突规则的原因很简单，那就是在它们的法律中，没有信托的位置：要么是根本就没有关于信托的规定，要么是关于信托的规定是不重要的。事实上，在《海牙信托公约》被批准前，从大陆法系国家对法律冲突规则采用的角度来看，经常被形容为“可能是对一项外国制度适用起来效果混乱的最典型例证”。[23] 实践中，这种混乱的情况有以下一种或者几种表现形式：首先，某信托可能是某交

---

〔22〕 参见 1991 年《澳大利亚信托〈海牙公约〉法案》第 7 条。澳大利亚的这个法案将扩展《海牙信托公约》关于国内冲突规则适用范围的可能性，留给了各州或者各领地。在加拿大，阿尔伯特省[该省有《国际条约施行法案》2000 年修正案（R. S. A. 2000）之 c. I－6，s. 1（2）条]和新布伦斯威克省[该省有 1988 年《国际信托法案》（S. N. B. 1988）之 c. I－12. 3，s. 2 条]明确规定《海牙信托公约》不适用于国内法律冲突（domestic conflicts）。加拿大法律统一协会（the Uniform Law Conference of Canada）于 1987 年颁布了《信托法法律冲突统一规则》（Uniform Conflict of Laws Rules for Trusts Act），旨在为加拿大内部法律冲突提供法典化的冲突规则。《信托法法律冲突统一规则》已经被新布伦斯威克省[该省的《信托法法律冲突规则》1988 年法案（S. N. B. 1988）之 c. C－16. 2 条]和英属哥伦比亚省[该省的《信托法法律冲突规则》1996 年修正法案（R. S. B. C. 1996）之 c. 65 条]所采用。

〔23〕 K. Lipstein, *Trusts*, in International Encyclopedia of Comparative Law, Tübingen, Mohr, 1994, vol. Ⅲ, ch. 23, § 5.40.

易过程的目标,而在关于法律的选择作出之前,该信托的各个方面会
被分别考虑,并且被翻译成法院地法(*lex fori*)中法律冲突规则里的相
应术语。其次,按照上述方式,可能会导致对根据委托人的意愿而具 40
有的信托效力的否认。

一个古老而著名的案例提供了对上述问题的第一个解决方案。在该案例中,受托人在意大利的撒丁岛根据一项英国以销售为目的的遗嘱信托而持有一块土地,该信托授权将剩余部分(remainder)来解决立遗嘱人的孩子们需要解决的问题。该信托是1894年在英国作出的首份裁决的标的,[24]并且是后来两代(1956年)一个意大利法庭作出的裁决的标的。[25] 该意大利法庭面对的任务是,决定谁有权收取由公共机构对所信托的土地予以使用所产生的金钱收益。该法庭在裁决中认为,本案所涉位于意大利的土地所产生的财产性权益的性质,是由物之所在地法(*lex situs*)来决定的。故此,本案中该信托的受益人应该是立遗嘱人的继承人,而受托人是近似于"拥有最广泛的、接近于委托制度中的权力的专门管理人,他同时是受任者(a mandatary)、代表(a representative)、委托代理人(a commission agent)、保管人(depositary)和信托管理人(fiduciary administrator)"。[26]

毫无疑问,这种处理方式是难以令人满意的。即使人们接受了基
于本案事实作出的具体裁决——情况并非总是如此[27]——作出裁决
的方式在法律的可预期性和透明性方面仍然不令人满意,因为它完全 41
依据本国法律领域的框架性问题的选择而作出,而这些框架性问题本
应是在尊重外国法律的基础上,用它们自己的术语来解决。因此,外

---

〔24〕 参见 Re Piecy [1894] 1 Ch, 83; F. Weiser, *Trusts on the Continent of Europe*, London, Sweet & Maxwell, 1936, p. 69－70。

〔25〕 Tribunale di Oristano, 15 March 1956, Foro it., 1956, I. 1019.

〔26〕 见前注。

〔27〕 关于这个问题的个人经验,参见 D. M. Waters, *The Hague Trusts Convention Twenty Years On*, in M. Graziadei, U. Mattei and L. Smith, eds., Commercial Trusts in European Private Law, Cambridge, Cambridge University Press, 2005, p. 64。

国法律制度性质的改变(denaturation)本身就令人质疑,至少在负责处理本案的律师的眼里是如此的。这就是为什么英国和爱尔兰于1973年加入欧洲经济共同体时,有关各方对1968年《布鲁塞尔公约》进行了修订,该公约增加了一个条款,即提供一个关于信托事项的诉讼管辖地的特别规则:

住所在某签约国的一个人,在关于该人在根据某法规或者某书面文件的规定而创设的某信托中作为委托人、受托人或者受益人的资格的问题方面,可以作为被告在另一个签约国的法院被起诉,前提是该签约国应该是涉案信托的住所所在国(the Contracting State in which the trust is domiciled)。〔28〕

42 《布鲁塞尔公约》也以同样的方式进行修订,而允许选择与信托有关的管辖条款——除非另有规定,否则该种条款则授权了专属管辖(exclusive jurisdiction)。〔29〕

上述规定表明,关于信托的管辖条款是《布鲁塞尔公约》中其他规则(如与合同义务或者公司有关的规则)所没有涵盖的事项。这种方法于1980年被《关于合同义务法律适用的罗马公约》(The Rome Convention on the Law Applicable to Contractual Obligations)的规定所确认,这就将信托排除在合同义务的适用范围外,因为信托并非起源

〔28〕 参见《布鲁塞尔公约》第5(6)条。该条款于1978年10月9日丹麦、爱尔兰和英国加入该条约时被修订(见修订文本第74页)。这一条款又于2000年12月22日被欧盟的44/2001号条例中的统一条款[关于在民商事的管辖和裁决执行方面的第5(6)条]所取代(但此次修订不适用于丹麦)。《卢加诺公约》(Lugano Convention)有相同的条款——该公约由欧盟内部国家和欧洲自由贸易区国家(包括爱尔兰、挪威、苏格兰)签署。44/2001号条例中的第5(6)条的范围第一次在 *Gomes v. Gomes-Monche Vives* 案中被英格兰和威尔士上诉法院纳入考虑范畴。参见 D. J. Hayton, *Trust Disputes within Article* 5(6) *of Brussels I* (2009) 24 Trust L. I. 3。

〔29〕 参见《布鲁塞尔公约》第17(c)条。现时请参见2000年12月22日的欧盟44/2001号条例的第23(4)条和第23(5)条。

于合同义务。[30]

在对上述这些规则进行评论时，值得一提的是《布鲁塞尔公约》中对信托的住所之定性的观念，它继承了信托可以被定义为一个有自己住所的实体观念。在《布鲁塞尔公约》起草过程中，这种观念在欧洲大陆的某些地方被公之于众，现在又在美国获得了一些支持；但是，在英格兰和苏格兰，这种观念则是非正统的——在这两个地 43
方，人们对这种观念报以怀疑之态度，因为在那里信托被视为独立的制度，不能被吸收到公司或者其他实体的概念中去。当然，《布鲁塞尔公约》中所表明的目的，确是为整个事情增加了很多复杂性。在一点体现在缔约国的法院在关于适用国际私法中有关决定哪里是信托住所地的法庭规则的义务中。[31] 但是，如前所述，这种传统规则没有为信托留下什么空间，或者说其不能接受信托有住所的观念。[32] 为克服这个困难，海牙国际私法协会提高了在欧盟范围内批准《海牙信托公约》的意识，以便欧盟的所有成员方都能够有关于信托住所的规则。[33]

---

〔30〕 参见1980年6月19日的《关于合同义务法律适用的罗马公约》之第1(2)(g)条。现时则请参见欧盟593/2008号条例中第1(2)(h)条的统一规定，即《关于合同义务法律适用(罗马Ⅰ)》的条款。

〔31〕 参见前注28中提到的《布鲁塞尔公约》第53(2)条。现时请参见前注28中提到的欧盟44/2001号条例中的第59(3)条。《卢加诺公约》也包含有同样的规则。

〔32〕 在英国，这些规则被规定在2001年《民事管辖和裁定法令》(the Civil Jurisdiction and Judgments Order 2001)(SI 2001/3929)的Sch. 1, para. 12中。这一段将信托的住所确定在英国境内的某一部分——"当且仅当涉案信托与英国的该部分的法律制度有最近的和最真实的联系时"。参见Gomes v. Gomes-Monche Vives[2008] EMCA Giv 1065; [2009] Ch. 245[CA(Civ Div)]以及前注28中提到的Hayton所做的评论："Trust Disputes within Article 5(6) of Brussels I。"

〔33〕 *Examination by the European Community of Existing Hague Conventions-Note Drawn by the Secretary General of the Hague Conference on Private International Law*, HCCH(Aug. 1, 2010), www.hcch.net/upload/wop/genaff_note-ec.pdf. 然而，需要注意的是，虽然《海牙信托公约》第7条列举了建立与信托有最紧密联系的法律制度的因素——前提是在没有明确的法律选择的情况下——却没有对信托的住所给出定义。

44 ## Ⅳ 起草《海牙信托公约》:一些重大难题

为走出这种至少是部分碎片化的困境,并准备一个能够被一体采用的文本,海牙国际协会第 15 届代表们需要完成一些困难的任务。〔34〕

第一个基本的难题是,如何界定《海牙信托公约》所管辖的一系列法律关系。绝大多数国际私法或者关于统一法律的规定都不尝试去定义它们所管辖的制度。可以举一个与统一法律有关的著名例子,就是 1980 年《联合国国际货物销售合同公约》并没有对什么是这个公约中所说的销售给予定义。国际私法公约也基本上是这种情况。例如,1993 年《儿童保护与跨国收养合作之海牙公约》(the Hague Convention on Protection of Children and Co-operation in Respect of Intercountry Adoption)也没有对符合这个公约的目的的收养下一个定义。所有上述文件都是简单地假定它们的解释者(interpreters)知道它们所指的制度并且知道如何在国际语境中解读其含义。

45 这种立法技术反映出此种陈旧的观念,即最保险的办法是避免对所要规制的对象下一个定义。

就《海牙信托公约》而言,要想避免这一步是完全不可能的。《海牙信托公约》中如果缺乏对任何一个事项(object)的清晰界定,都将使事项的意义荡然无存。事实上,在《海牙信托公约》中,没有任何关于信托这种制度的通常理解被认为是理所当然的。在这方面不能达成

---

〔34〕 关于《海牙信托公约》准备情况的简要回顾,参见 A. E. von Overbeck, *Explanatory Report*, 前注 8 中的 Proceeding,也可登录以下网站获取:www. hcch. net/upload/expl30. pdf。有关情况还可参见 A. Dyer, *International Recognition and Adaptation of Trusts: The Influence of the Hague Convention*, in(1999)32 Vanderbilt Journal of Transnational Law 989;也可参见海牙国际私法协会加拿大代表 Waters 的介绍 *The Hague Trusts Convention*,参见前注 27,第 56 页。

一致的风险是真实存在的,至少对那些涉足与普通法世界联系甚少的国家的律师们而言是这样的;但是,普通法系国家的律师们也有他们自己的难题,正如《海牙信托公约》中加拿大代表所坦率承认的那样。〔35〕

对于讨论《海牙信托公约》的代表们而言,如何给信托下一个可发生实际作用的定义是一个挑战。这项工作之所以天然地被认为很困难,既因为"信托"这个词多变的特性而使人们很难说清楚信托是什么,〔36〕也因为需要用跨越不同法律传统却要求用同样的思路来理解的语言来对这个词进行定义。实际上,没有任何关于由普通法和衡平法的区别而对该制度予以界定的描述作为概念性的基础而被《海牙信托公约》所接受。在欧洲大陆法系法域以及普通法系以外的国家,上述区别也是没有任何意义的——甚至更糟糕的是,上述区别的意义与该等区别的意义在普通法系中被人们熟知的内容截然不同。 46

因为类似的原因,关于在《海牙信托公约》中将信托界定为信义关系(fiduciary relationship)的形式的建议也被认为是没有帮助的。《海牙信托公约》的起草者们认为,"信义关系"的概念在英美法系和大陆法系中不具有相同的含义。〔37〕 为回避有争议的问题,代表们需要避开信托是否设定了义务或者为保护受益人而设定产权的陈旧的观念难题。当然,为解决这些问题,需要澄清那些术语在信托法的语境中

---

〔35〕 参见 Waters, *The Common Lawyers have had Their Own Problems in Characterising the Trust Device*, in The Hague Trusts Convention, p. 58。

〔36〕 正如一句名言所提醒的那样:"首先的问题就是这个多变的词在被应用时的意义。说实话,这个词的特点是,即使是粗心的人们也会有这样评价:'只考虑这个词本身的意思的人是肤浅的。'"(Qui haeret in litera haeret in cortice)

〔37〕 关于这一点,请参见 D. J. Hayton, *Fiduciaries in Context: An Overview*, in P. Birks, eds., Privacy and Loyalty, Oxford, Clarendon Press, 1997, p. 283。对于"fiduciary"这个词的直译(如 fiduciario)会在几个欧洲大陆法域中导致误解,因为如果立法机构没有赋予这个词以其他含义的话,它会一般性指向"稻草人"(a straw man)这一含义。另外,欧洲大陆公司法方面的律师现在已经很熟悉英美法系中董事信义义务(directors'fiduciary duties)的概念,并且倾向于将该概念按照普通法系律师所熟悉的相同路线下定义。这种革新突出了欧洲大陆法律中为确保公司董事恰当行事而制定的利益冲突规则的重要性。

47 的含义,而这是一种可能会导致更多的、人们不能承受的分歧和困惑的做法——因为在海牙,每个与会代表所代表国家的法律制度中,像“所有权”和“义务”(obligation)这样的术语的意义和内容的界定都是无法保证的,同时也是无法验证的。很不幸的是,在这个法律领域所做的表面化的比较所造成的危害,无论怎么估计都不为过。[38] 简言之,在海牙,关于这个问题的讨论形成了《海牙信托公约》第 2 条中对于信托的描述。回想起来,正如 Honoré 教授后来喜不自禁地描述的那样,这是一个过滤掉信托的“非基本要素”(inessentials)后所形成的关于该制度的条款。[39] 用 Honoré 教授自己的话来说,这些(“非基本要素”)就是:

48 (ⅰ)那种只有在以下这种制度[这种制度对受托人赋予普通法上的所有权,并且这种制度确实认可双重所有权(普通法上的所有权和衡平法上的所有权)]中才有信托的存在的观念;

(ⅱ)那种受托人的义务(信义义务)和信托受益人的权利(衡平法上的利益)必须与发源于英国并且历史性地与普通法相分离的、被称为衡平法的法律制度相联系的观念。[40]

然而,《海牙信托公约》第 2 条规定,对“信托”这个关键观念的界定不仅是攻克一个概念方面的问题;最终,它还是满足在公约制定过程中一些来自大陆法系国家(包括埃及、波兰、日本、卢森堡和委内瑞拉)的代表们诉求的一种手段——该诉求就是:这些大陆法系国家的制度应该在《海牙信托公约》中得到认可。有许多制度都回应了《海牙信托公约》第 2 条中关于范式信托(the model of trust)的规定,包括

---

〔38〕 关于这个问题的一些思考,参见 M. Graziadei, U. Mattel and L. Smith, *Setting the Scene*, in M. Graziadei, U. Mattei and L. Smith, eds., Commercial Trusts in European Private Law, Cambridge, Cambridge University Press, 2005, p. 6。

〔39〕 T. Honoré, *Trusts: The Inessentials*, in Joshua Getzler, ed., Rationalising Property, Equity and Trusts: Essays in Honour of Edward Burn, London, LexisNexis, 2003, p. 7.

〔40〕 参见前注 39。与此论点相同者有启发性的论述,请参见 G. L. Gretton, *Trusts without Equity* (2000) 49 I. C. L. Q. 599。

某些拉丁美洲国家的 fideicomiso 制度,[41] 魁北克省信托(《魁北克省民法典》第 1256 - 98 条),根据《以色列信托法》所设立的信托,[42] 根据伊斯兰法所设立的瓦格夫(waqf)制度,等等[43];更不用说法国[44]和卢森堡的 fiducie 制度[45]以及西班牙可能决定要引入的一些制度。[46] 对于将上述那些制度都根据《海牙信托公约》认可为"信托"的主张,人们无法轻易地置之不理。在此基础上所建立的范围更广的信 49
托制度,有了被引进一项起初只是用来规制普通法系法域中信托的公约的路径。[47] 如同《海牙信托公约》的法文版本选择英文单词"trust"(信托)来指代所规制的对象一样,《海牙信托公约》的序言显示了这种想法转变的轨迹:"信托,发展自普通法系的衡平法院,并在经过某些修改后被其他一些法域所接纳——它是一种独特的法律制度。"海牙国际私法协会的会议记录显示,是该协会的外交协会(the diplomatic conference)自己而不是那些在准备《海牙信托公约》框架的专家组,来负责吸纳《海牙信托公约》中那些具有普通法系中信托制度

[41] 关于相关的比较研究,参见 D. Figueroa, *Civil Law Trusts in Latin America: Is the Lack of Trusts an Impediment for Expanding Business Opportunities in Latin America?* (2007) 24 Arizona J. Int'l & Comp. Law 701。

[42] Trust Law 5739 - 1979.

[43] A. Dyer and H. van Loon, *Report on Trusts and Analogue Institutions*, in 前注 8 中提到的 Proceedings, vol. Ⅱ, p. 10。该文为在海牙的代表提供一个关于那些制度的简短评介。此后,关于这一点,人们做了大量的工作。

[44] 参见《法国民法典》第 2011 条及以后诸条。

[45] Loi du 27 juillet 2003 (Mémorial A, no. 124 du 3 septembre 2003, p. 2619).

[46] S. M. Santisteban, *Los trusts como instrumento de transmisión de la riqueza familiar en el Derecho europeo continental*, in C. A. de Andrés, ed., Estudios de derecho español europeo, Santander, Universidad de Cantabria, 2009; E. Arroyo I. Amayuelas, "Por qué el trust en Catalunya?" in S. S. Aznar and M. Garrido Melero, eds., *Los patrimonios fiduciarios y el trust: Ⅲ Congreso de Derecho Civil Catalán*, Barcelona, Marcial Pons, 2006, p. 525.

[47] 观点的转换发生在 1983 年 10 月举行的会议上;更早一些的工作只是集中在与普通法系中的信托有关的国际私法问题上。关于此点,请参见 H. van Loon, *L'actualité de la convention de La Haye relative à la loi applicable au trust et à sa reconnaissance*, in Mélanges en l'honneur de Mariel Revillard, Paris, Répertoire Defrénois, 2007, p. 328 - 9。

所具有的某些关键特征的制度。[48]

不可避免的是,《海牙信托公约》第 2 条对于上述更广范围的默示性认可遭到了批评。批评者认为,这种选择的结果,使《海牙信托公约》第 2 条规定的信托概念变得过于宽泛,以至于这个概念已经是“无
50 法界定的了”(shapeless),因为它与人们所知晓的英国法和其他普通
法系法域中的经典信托的概念不一致。[49]

《海牙信托公约》的起草者们所使用的语言确实没有反映出这个根植于普通法系的习惯,即通过普通法和衡平法的区别所提供的角度来看待信托法的习惯。[50] 无论如何,《海牙信托公约》还是成功地抓住了信托在那些法律中作为独特法律关系所具有的基本要素,尽管它使用了类似于“控制权”(control)的概念来表达这个意思。[51] 进一步而言,有充足的历史资料将普通法系中这项制度的过去与大陆法系的源头联系起来,从而挑战那种普通法系中的信托与大陆法系中有同样
51 结构的制度之间有根本性的不一致的观点。[52] 最后,对信托在英美

---

〔48〕 参见前注 34 Von Overbeck, *Explanatory Report*, p. 375 - 6。该文作者注意到,该会议在没有正式投票的情况下作出了文中提到的决定。

〔49〕 M. Lupoi, *The Shapeless Trust* (1995) 1 Trusts & Trustees 15; Lupoi, *Trusts, a Comparative Study*, trans. S. Dix, Cambridge, Cambridge University Press, 2000, p. 327 (a poignant analysis). 关于此问题的精辟讨论,参见 J. Harris, *The Trusts Convention*, Oxford, Hart, 2002, p. 111 - 15。

〔50〕 这个习惯是否能够对有关分析的明晰化有帮助,则是另外一个问题,参见 W. N. Hohfeld, *Supplemental Note on the Conflict of Equity and Law* (1917) 26 Yale L. J. 767。也请参见后注 108 及其内容。

〔51〕 参见前注 49 Lupoi, *The Shapeless Trust*, p. 334。该文认为这是一个“几乎没有法律上的重要性的”概念。然而,它可能不应该被这么轻易地否定掉;受托人*必须*(原文为斜体——译者注)对信托财产有控制权,无论他是否对其享有产权。

〔52〕 Maurizio Lupoi 贡献了两份重要的研究: *Trust and Confidence* (2009) 125 L. Q. R. 253; M. Lupoi's volume 1 trust nel diritto civile, Torino, Utet, 2004, in R. Sacco 编辑的论文集 Trattato di diritto civile。关于之前就相同题目的有关研究,参见前注 5 中的 R. Helmholz and R. Zimmermann, eds., *Itinera Fiduciae*; F. Treggiari, *Minister ultimae voluntatis. Esegesi sistema nella formazione del testamento fiduciario*, Naples, Edizioni Scientifiche Italiane, 2002, vol. I (an in-depth study)。上述这些研究以及其他研究发掘出了信托在大陆法系环境中的起源,但是这个题目仍然需要从历史和比较的角度进行充分探究。如欲了解这方面最新研究成果,参见 R. Helmholz and V. Piergiovanni, eds., *Relations between the Jus Commune and English Law*, Genoa, Rubbettino, 2009。

法系的形成具有贡献的偶发历史事件是一件有争议的事，而该争议至今尚未解决。尽管这些历史事件塑造了信托法的语言，然而隐身在信托法背后的原则和规则却应该按其自有规律延续或者废止。[53] 概括而言，《海牙信托公约》第 2 条的定义包含了一些经常地、却是错误地被认为是只有普通法系的信托才具有的性质的一些制度。然而，这并不意味着，每一种由某人持有他人财产的行为[如寄托(deposit)、寄存(bailment)、代理(agency)或者委托]都是《海牙信托公约》所定义的信托——这不是《海牙信托公约》所支持的。[54]

第二个不得不被讨论《海牙信托公约》的代表们所关注的问题是， 52
如何将《海牙信托公约》的影响扩大至那些国家：想建立信托制度的冲突规则，并且想承认信托制度，但是不想把信托制度引入本国的法律(理由恰恰就是因为不了解信托制度)的那些国家。在这个方面，人们应该注意到那些有信托法和那些没有信托法的国家的区别(该区别由《海牙信托公约》规定下来[55])回应了在海牙时人们达成的初始假定，即《海牙信托公约》允许那些即使是没有信托法的国家也可以承认由其他外国法管辖的信托，但是那些国家并非因为遵守了《海牙信托公约》而被强迫在本国法中引入信托制度。上述立场是有其意义的，因为人们可以认为信托是“非常纯洁和符合道义的”，然而某一法律体系仍然没有准备好动员其资源以适用信托制度，除非遵守

---

[53] B. Rudden, *Equity as Alibi*, in S. Goldstein, ed., Equity and Contemporary Legal Developments, Hebrew University of Jerusalem, 1992, p. 30; A. Burrows, *We Do This at Common Law but That in Equity*(2002)22 Oxford Journal of Legal Studies. 也请参见 M. Kirby, *Equity's Australian Isolationism*(2008)8 Queensland University of Technology Law and Justice Journal 441。

[54] 参见 L. Collins, ed., *Dicey, Morris, and Collins on the Conflict of Laws*, 14th edn, London, Sweet & Maxwell, 2006, vol. Ⅱ, para. 29－005, p. 1304; D. Hayton, *The Developing European Dimension of Trust Law*(1999), 10 K. C. L. J. 48, 52－3。

[55] 《海牙信托公约》第 5、6、13 条反复提到了“那些没有规定信托的法律体系”，或者“那些没有信托制度的国家”。

国际义务。[56] 为支持这一观点,人们也可以指出,代表们得到的授权是,在海牙达成一项关于信托的国际私法公约,而不是制定一部关于信托的统一的法律。然而,如何达到这个目标却是令人伤脑筋的问题,而海牙协会的程序则使这一点变得更加难办。

53 回首过去,有一点是必须记住的:《海牙信托公约》的起草者们拒绝所有拥有国际性质的信托在适用时限制当事人意思自治或者是限制与多元化管辖的客观联系因素的建议。[57] 作为替代,代表们选择了一种不同的解决方案:在选择适用的法律时支持当事人意思自治,如《海牙信托公约》第6(1)条所显示的那样:

信托应该由委托人所选择的法律予以管辖。该选择必须是由创设信托的文件或者书面见证信托的文件的条款所明示或者默示的(在必要时根据个案具体情况予以引申出来)。[58]

正如所指出的,[59]这意味着在此规则下,委托人所做的关于有效的法律选择的唯一条件,是该等选择聚焦在一个规定了信托制度的法
54 律体系上,或者规定了所涉的信托的类型,如《海牙信托公约》第6(2)条所澄清的那样:"在根据前段所选择的法律未规定信托制度或者未规定所涉及的信托的种类时,该等选择将会无效,并且第7条中规定

[56] 这一点是意大利代表 Antonio Gambaro 教授在海牙提出的关于"纯粹的国内信托"方面的观点。参见前注8中提到的 Proceedings, p. 287 – 8。关于大陆法系中与信托有可比性的重大法律原则,参见 A. Gambaro, *I trusts e l'evoluzione del diritto di proprietà*, in Beneventi, ed., I trusts in Italia oggi, Milano, Giuffre, 1996, p. 57。

[57] 关于这一点的清晰论述,参见前注34中的 von Overbeck, *Explanatory Report*, p. 384, paras. 64 – 6。也请参见前注8中的 Proceedings, p. 290。

[58] 参见前注4中提到的《海牙信托公约》第6(1)条。

[59] M. Lupoi, *Effects of the Hague Convention in a Civil Law Country*(1998)4 Trusts & Trustees 15, 19 – 20(该作者总结性的结论最初是以意大利语于1992年发表的). 该等观点在那个时候并不常见。可以与以下观点进行比较, D. J. Hayton, Underhill and Hayton, *Law of Trusts and Trustees*, 15th edn, London, Butterworths Law, 1995, p. 951。"一个民事主体(Civilopian)不能通过选择百慕大的信托法并且指定百慕大居民为受托人在百慕大实施该信托的方式,为该民事主体创设一个民事财产之信托。"然而,同一本书现在的版本则采纳了不同的解决方案,请参见后注84。

的法律将会适用。”[60]

没有任何使委托人对外国法律的选择有效的因素是必要的了，尽管任何将信托与某一外国联系起来或者给予该信托以国际维度的其他因素可能会引发某些后果。

为理解该规定创新性的特征，人们可以将其与之前英国的规定相比：英国的规定要求在某些情况下至少要在委托人所选择的法律和该外国法之间有一个客观的联系——例如，信托财产位于外国某地。[61]与此相矛盾的是，《海牙信托公约》第6(1)条所规定的解决方案对如法国等大陆法系国家可能有更低的吸引力，该解决方案将信托与合同相类比，并因此将信托涵盖在关于合同的冲突规则中，这导致在法律 55
的选择方面有了当事人意思自治的余地。[62]

尽管如此，那些现在认为《海牙信托公约》第6(1)条所规定的规则已经出局的看法是错误的。在选择可适用的法律过程中的当事人意思自治如今已经被适用于《海牙信托公约》的所有法域，而且也适用于某些不遵守《海牙信托公约》第6(1)条所规定的法域，如魁北克省；此外，人们还可以在一些示范法中看到《海牙信托公约》第6(1)条所规定的规则，这些示范法包括1987年《加拿大关于信托的统一冲突法规则》，[63]以及在一个更有限的范围内，该规则出现在美国的全国法律统一委员会所起草的《统一信托法》中。

《魁北克省民法典》第3107条分解成了《海牙信托公约》更为精

---

〔60〕 参见前注4提到的《海牙信托公约》第6(2)条。《海牙信托公约》第7条规定，在缺乏有效的法律选择的情况下，信托由与其有最紧密联系的法律管辖，并且该条列举了一些与建立该等联系有关的因素。但是，如果该等法律(例如，由委托人选择的法律)并未规定信托制度或者所涉信托的类型的话，则该等信托不受《海牙信托公约》第5条的规定。

〔61〕 关于加入《海牙信托公约》之前法律的地位和《海牙信托公约》所赋予当事人意思自治的更重要地位的简单讨论，参见前注54中 Collins, *Dicey*, *Morris*, *and Collins on the Conflict of Laws*, para. 29－011, p. 1307－8。

〔62〕 Paris Court of Appeal, 10 January 1970, épouse Courtois v. de Ganay, Gcunet, 1973, 207; Cour de Cassation, 20 February 1996, Re Ziesennis, Rev. crit. int. privé, 1996, 692.

〔63〕 参见前注22。

细的第 6 条、第 7 条和第 9 条:

当没有明示地指定某法律时,或者根据设立信托的条款无法确定某法律时,或者被指定的法律不认可该制度时,与信托有最密切联系的法律就是可适用的法律。

在确定可适用的法律时,要特别考虑执行信托的地点、信托财产所在地 、受托人的住所地或者设立地、信托的目的及该等目的的实现地点。

56 一个信托的任何独立的方面,尤其是其执行,可以由不同的法律管辖。据加拿大统一法律委员会所称,1987 年《加拿大关于信托的统一冲突法规则》的第 4(1) 节是管辖加拿大内部信托冲突的,该节规定:"信托由委托人所选择的法律管辖,该等选择可以是明示或者默示的。"

《海牙信托公约》第 107 条(最近一次修订是在 2005 年),现在以不同的版本在美国的 23 个州得到采纳,其内容相差不大,但是该条支持在选择关于信托的含义和效力条款时,当事人应遵循意思自治原则。这些条款取决于:

(1)信托条款中所指定的法域的法律——除非关于法律的指定和与此事或者问题有最显著联系的法域的公共政策截然相反;

(2)在信托条款中缺乏毫无疑问的指定时,则是与此问题有最显著联系的法域的法律。

《海牙信托公约》的官方评论在点评《海牙信托公约》第 6 条时解释,该条是根据《海牙信托公约》支持在选择可适用的法律时当事人意

57 思自治条款而"特别规定"的。[64]

---

〔64〕 该评论的重要性不应被高估。尽管美国签署了《海牙信托公约》,但是美国却没有一个州对采纳《海牙信托公约》第 6 条的规定感兴趣。实际上,对《海牙信托公约》第 6 条的规定予以最尖锐批评的是一个名叫 J. A. Schoenblum 的美国学者,参见该学者的著作:*Multistate and Multinational Estate Planning*, Chicago, CCH Inc. ,2009, vol. Ⅰ, chap. 18。

V 当事人意思自治及其边界,以及《海牙信托公约》第 13 条中对信托的不承认

尽管当事人意思自治是《海牙信托公约》的主要特征,但是对信托的承认可能引起潜在的、破坏性的影响并未难倒其起草者们,并且因此《海牙信托公约》规定了几个作为尊重缔约国某些政策的控制性制度的条款。

《海牙信托公约》所包含的基本保护措施,就是在其条款与公共政策(ordre public)明显矛盾时,或者是与《海牙信托公约》的管辖地法律(the law of the forum)必须适用于和法律冲突规则无关领域的条款相矛盾时,[65]各国有对该条款不予适用的权力。[66] 这些是《海牙信托公约》与其他国际私法公约所共有的保护措施。同时,《海牙信托公约》则以进一步支持各缔约国在财政权力方面保留的方式完善了保护措施,[67]并且这种完善是以将决定适用法律的一系列问题留给国际私法规则的更精巧的技术来实现的。这些措施包括在信托成立阶段,与遗嘱效力和在生者之间的、将财产转移给受托人的行为有关的所有问题,[68]以及在信托的承认阶段,与持有信托财产的第三人的权利和义务有关的问题。[69] 然而上述一系列问题中最具有广泛性的问题—— 58
这些问题采用了后一种技术——则包含在《海牙信托公约》的第 15 条中,这里有必要将其内容摘录如下:

《海牙信托公约》并不阻止管辖地冲突规则所指定的法律条款的适用,尤其是在下列问题上:

---

[65] 参见前注 4 中提到的《海牙信托公约》第 16 条的规定。

[66] 参见前注 4 中提到的《海牙信托公约》第 18 条的规定。

[67] 参见前注 4 中提到的《海牙信托公约》第 19 条的规定。

[68] 参见前注 4 中提到的《海牙信托公约》第 4 条的规定。

[69] 参见前注 4 中提到的《海牙信托公约》第 11(3)(d)条最后部分的规定。

a. 对未成年人和残障人士的保护；

b. 婚姻所产生的人身和财产方面的影响；

c. 继承权，立遗嘱人和无遗嘱而死亡者，尤其是配偶和亲属不可取消的份额；

d. 转移权利于财产以及财产上的担保利益；

e. 对资不抵债案件中债权人的保护；

f. 对善意第三人在其他方面的保护。

如果适用上述条款导致信托的承认被阻止，则法庭应该尝试以其他途径对该信托的目的赋予效力。〔70〕

《海牙信托公约》第 15 条规定的效力，是确保不会有通过选择法
59 律而规避权威规则适用的情况。〔71〕 人们可以预期的是，例如，根据意大利法律而实现委托人的配偶和后代的强制性继承权而提起的追偿权（clawback claims）就得到该条款的保护。《海牙信托公约》第 15 条使人们清楚地看到，意大利没有违反其国际义务。如果由某外国法所管辖的该信托是由《海牙信托公约》的管辖地所承认，那么《海牙信托公约》第 15 条的规定适用于各种信托，无论该信托是在哪里设立的，由谁设立的，或者是为了谁的利益而设立的。基于此，则以下两种信托并无差别，即该信托是否由一个意大利居民在英格兰设立，或者该信托是由其住所位于伦敦，但是与一个居住于罗马的意大利人结婚的一个英格兰立遗嘱人设立的。

然而，上面所引述的所有条款，并不保证某信托被管辖的某外国法确认为无效，即使在所有与该信托有关的因素——除对该外国法的选择外——都一致指向《海牙信托公约》管辖地的时候也是如此。如前所述，《海牙信托公约》第 6 条允许一个住所地位于非信托法域的委

〔70〕 参见前注 4 中提到的《海牙信托公约》第 15 条的规定。

〔71〕 所以，有一种默示内容包含在《海牙信托公约》第 15 条中：法庭应该尝试对信托的**目的**赋予效力，如果该信托自身因为《海牙信托公约》第 15 条下的强制性规则的适用而不能被承认的话。

托人，在位于同一法域的财产上、为了一个其住所地同样位于该非信
托法域的受益人而设立一个信托，只要该设立行为是以选择将该信托
提交给诸如英格兰、泽西或者马萨诸塞州这样的信托法域的法律的简
单方式进行的即可。这就是当事人意思自治原则在《海牙信托公约》
第 6 条基础上所取得的成就。换言之，在所有上述条款中，没有任何
内容排除一个住所位于意大利的财产上、为了在意大利实现信托目
的，或者为了居住在同一个国家的意大利受益人的利益而设立某信 60
托，虽然该信托受到英格兰法律的管辖。为达到这个重大目的，委托
人所必须做的，就是在设立信托时，选择一个合适的外国法作为该信
托的适用法律。的确，这个结果可能在某种程度上会受到《海牙信托
公约》令人难以琢磨的第 13 条的挑战：

任何一个国家都没有义务承认这样一个信托：该信托的显著因素（关于可适用法律的选择、该信托的执行地点以及其受托人居住地这些因素除外）与那些没有信托制度的国家或者没有规定所涉及的信托种类的国家有更密切联系。[72]

这个条款的设立，可能是因为绝大多数参加《海牙信托公约》制定的各国代表们想要阻止承认那些与没有信托制度的国家有更密切联系的信托。[73] 但是，可能是在该条款的制定过程中，考虑其效果时有一些一厢情愿的想法。曾经有一个草案条款，明确禁止对涉及那些受未规定信托制度的国家管辖，并且在该国家继续保持其永久住所的委托人、受托人、受益人信托的承认；但是这个条款被取消了，因此这个条款被更具柔性的《海牙信托公约》第 13 条所取代。[74]

然而，《海牙信托公约》第 13 条留下了一些疑问。当与《海牙信托 61
公约》第 6 条关于在进行可适用法律的选择时允许当事人意思自治的

〔72〕 参见前注 4 中提到的《海牙信托公约》第 13 条的规定。

〔73〕 参见前注 34 中提到的 von Overbeck, *Explanatory Report*, para. 65, p. 384, and paras. 128 –9。

〔74〕 参见前面以下注释中的图片，para. 65，p. 384，and paras. 122 –33，p. 397 –400。

规定结合起来理解时,《海牙信托公约》第 13 条是什么意思呢?《海牙信托公约》第 13 条明确规定,如果与一个规定信托的法域没有紧密联系的信托在一个未规定信托制度的国家不被承认的话,此处则没有对来自《海牙信托公约》的国际义务违反的问题。如果《海牙信托公约》第 13 条并没有就不承认该等信托赋予国际义务,人们会质疑《海牙信托公约》为什么要规定第 13 条。答案是很明显的:第 13 条部分地包括了《海牙信托公约》第 6 条的效力,否则,《海牙信托公约》第 6 条就会创设一项承认与规定信托制度的国家没有紧密联系信托的义务。如果看上去委托人选择外国法律时是在欺诈情况下进行的,在其不适当地移除《海牙信托公约》的管辖地关于法律适用关系的程度范围内,法官可以寻求例外条款的适用。[75]

由于义务效力的缺乏,《海牙信托公约》第 13 条使缔约国在不规定这个规范也不对《海牙信托公约》进行保留性规定时,《海牙信托公约》在本国生效成为可能。在英国和瑞士,使《海牙信托公约》产生内国法效力的立法都在条文中没有规定《海牙信托公约》第 13 条的内容。

英国是第一个做此选择的国家,可能是因为在海牙举行的会议上所引起的考虑。这些考虑暗示着,尽管作出一般性规定,这个规范基
62 本上只满足未规定信托制度的国家的需要——在允许这些国家的法庭拒绝承认那些与规定信托制度的法域没有紧密联系的信托这个范围内。[76] 然而,这个规范也规定了缺乏“所涉及的信托的类型”的问题,而不仅是单纯的未规定信托制度的问题。因此,有人可能质疑,是否最安全的办法是不将《海牙信托公约》第 13 条囊括到 1987 年《英国信托承认法》中来。而将《海牙信托公约》第 13 条囊括进 1987 年《英国信托承认法》,则会排除这样的怀疑:例如,英国法庭是否有义务承

---

〔75〕 参见前注。

〔76〕 参见前注 74, paras. 123, 124, p. 397。

认一个设立于英国但选择适用外国信托法、意在规避英国关于禁止无目的信托(non-purpose trusts)的法律的适用。[77] 在这个方面，参考1987年《加拿大关于信托的统一冲突法规则》第8(1)节中采取的不同解决方案：

> 如果该信托的显著因素或者方面(委托人对法律的选择除外)是与一个没有规定所涉及信托的种类或者方面的法域有最密切联系的话，本法中没有任何内容应该被理解为要求承认某信托或某信托一个独立的方面，或者要求赋予某信托或某信托的一个独立的方面以效力。

这个规定将《海牙信托公约》第13条纳入普通法法域；因此，允许《海牙信托公约》的管辖地的法官在某信托被要求承认时否认这种承认。但是，请注意，1987年《加拿大关于信托的统一冲突法规则》缺乏 63
对《海牙信托公约》第15条予以回应的条款，而相反地，《海牙信托公约》第15条在英国是得到接纳的。

在瑞士，同样的选择——未在瑞士的立法中采纳《海牙信托公约》第13条——是由于避免关于对《海牙信托公约》的管辖地来说完全是内国的信托的承认过程中任何不确定性的需要，也是由于根据《海牙信托公约》的管辖地的政策而制定的《海牙信托公约》第15条、第16条、第18条和第19条所获得的保护的需要。[78]

在任何情况下，根据《海牙信托公约》，那些在《海牙信托公约》第13条下**可能不被承认的**信托，无论如何是被有效地**设立**的。[79] 关于这一点，当然有一些事情需要说明。让我们做这样一个假设，即在那

---

〔77〕 参见前注54中Collins, *Dicey, Morris, and Collins on the Conflict of Laws*, para. 29-051, p. 1323。同一著作的para. 29-044-29-046, p. 1320-1部分，否认这种法律选择的效力，认为这个问题“还十分不清楚”。

〔78〕 J. Perrin, *The Recognition of Trusts and Their Use in Estate Planning under Continental Laws*, in (2008) 10 Yearbook of Private International Law, 629, 645. 该文是关于这一点在瑞士的讨论的完整的评述。

〔79〕 参见前注34中提到的von Overbeck, *Explanatory Report*, paras. 124-6, p. 397。

样一个信托设立时,确实是缺乏与一个规定了信托的法域的紧密联系,但是,后来则出现了能够与一个规定了信托的法域建立起紧密联系的情况。[80] 如果某信托自始就是无效的,要想使其有效则无论如何也是不可能的,尽管无效的原因后来可能消失了。进一步而言,承认信托很明显地是一个对那些正在寻求信托的承认的国家的法庭有影响的问题。[81]

64 当然,作为对包含《海牙信托公约》第 13 条的规则的替代,人们可以考虑引入一个不同的解决方案,该方案可以一起在《海牙信托公约》的管辖地范围内**禁止**对与信托制度的法域有密切联系的信托的承认,而这正是 2004 年《比利时国际私法法典》(Belgian Code of Private Law International Law)第 124(1)条的规定:

当信托的所有重要因素(适用法律的选择这一因素除外)均处于法律不认可信托制度的状态时,这种选择无效。

然而,迄今为止,在那些在选择法律时允许当事人意思自治的国家中,比利时是唯一在法案中规定这样条款的国家。在《海牙信托公约》生效的大多数国家中,都将《海牙信托公约》第 13 条纳入本国立法,而且如前所述,它们不禁止对根据《海牙信托公约》第 6 条而选择的法律而在《海牙信托公约》的管辖地范围内有效设立的信托的承认,即使该等信托可能与规定了信托制度的国家没有密切联系——截至今日,意大利在该等信托方面有最丰富的经验。

---

〔80〕 例如,有一个受益人出生了,他是一个规定了信托制度的法域的公民或者永久居民,或者财产被转移到位于规定了信托制度的法域的受托人手中。

〔81〕 这一点被 Lupoi 注意到了。参见前注 59 中提到的文献,"Effects of the Hague Convention",20。

Ⅵ 通过《海牙信托公约》而在意大利设立信托的经验

意大利迅速地批准了《海牙信托公约》,并使其生效,因此意大利于 1992 年成为使《海牙信托公约》生效的大陆法系国家。当时的政府作出这一举动,意在向商界表明,本国在成为一个投资友好型的法域 65
的路上——这是在《海牙信托公约》准备过程中就已经清楚表明的态度。[82] 当《海牙信托公约》生效时,第一批学术评论认为《海牙信托公约》是在意大利承认"外国的"(foreign)信托的一种方式——这些"外国的"信托就是与规定了信托制度的法域有客观联系的信托。那时候,没有以下这种可能性的讨论:即为了保护意大利居民的利益,由委托方通过遗嘱选择法律,然后通过提交一种与规定了信托制度的法域的法律的关系的设计,在位于意大利的财产上设立信托。是热那亚的比较法学教授 Maurizio Lupio 第一次提出支持这种可能性的主张,表明《海牙信托公约》第 13 条本身并未妨碍对于委托人根据《海牙信托公约》第 6 条所选择的外国法所管辖的信托的承认,即使该等信托的所有相关因素都是本国的——或者用意大利的对应表述是 *interni*。起初,这个主张遇到的是阻力,但是 Lupio 的对手们提出的反驳的观点要么都很弱,如果不是考虑不周的话;要么就是这些反驳的观点不符合《海牙信托公约》的条文。[83]

几年之内,他的观点获得了广泛的支持并且流行起来,[84] 并且开 66

〔82〕 参见前注 8,Proceedings,p. 210 – 11。

〔83〕 这样的表述已经被该事件的经过所超过了,但是只是引述一本在那次辩论中超过平均水平的著作,该著作也仍然没有说服力,参见 G. Contaldi, *Il trust nel diritto internazionale privato*, Milano, Giuffre, 2001。

〔84〕 他的观点在英格兰也得到了支持。例如,可参见 D. Hayton, P. Matthews and C. Mitchell, *Underhill and Hayton*: *Law of Trusts and Trustees*, 17th edn, London, LexisNexis Butterworths, 2006, p. 1298 – 9, paras. 102, 219; J. Mowbray, L. Tucker, N. Le Poidevin, J. Brightwell and E. Simpson, *Lewin on Trusts*, 18th edn, London, Sweet & Maxwell, 2007, paras. 11 – 65。

始在意大利引领法律实践。律师们和公证员们越来越经常地适用《海牙信托公约》来根据外国法而设立信托——在根据《海牙信托公约》第 13 条本来在意大利会导致该等信托不会被承认的情况下。

作为后见之明,人们可以进一步认为,上述关于《海牙信托公约》的解释的辩论的更广泛的框架助力了这个显著的发展。首先,意大利的法律界人士对通常情况下立法落后于私法领域改革的需要的情况都太了解不过了。因此,在意大利,经常是试验了一些已经被验证的并且在别的地方已经证明是富有成效,或者是符合欧洲或国际义务的观念后,法律改革就从基层开始。法律实务人员和法官所采取的支持承认信托的举动在这方面并没有什么新鲜的。其次,近 20 年来,商业和金融方面的更新已经导致一种态度在意大利日益受到欢迎,这就是由法律界重要行业所共同认可的、对于引进和适应外国法律技术的世界主义态度。最后,尽管《海牙信托公约》在规定了信托制度的法域和没有规定信托制度的法域之间画了一条线,但是这条线在某种意义上是人为划定的,因为在大陆法系的法律中,人们也可以发现与信托的结构性特征相对应的许多制度。据此来看,普通法系所称的信托制度,在有着突出的大陆法系血统的或者迄今构成大陆法系的股票上市
67 之一部分的很多制度中得到了延续。[85] 法律界的人士因此认为,在承诺一项承认信托的义务后而开始一场反对它们的神圣战争是没有意义的。如果信托能在不违反公共政策或者意大利法律中的重要规范的情况下解决由于意大利法律所产生的难题,为什么不利用好由《海牙信托公约》提供的开放空间呢? 拒绝与信托有关的案件,只会使资本和人力资源流向规定了信托制度的法域,在那些法域里意大利的顾客们则不会遇到很多麻烦。

---

〔85〕 关于与意大利法律有关的那些制度的讨论,请参见 M. Graziadei, *Trusts in Italian Law*, in M. Cantin Cumyn, ed., Trust vs Fiducie in a Business Context, Brussels, Brulant, 1999, 265; A. Berlinguer, *The Italian Road to Trusts*, in (2007) 15 European Review of Private Law, p. 533, 539。关于更广泛的比较研究,参见前注 49 Lupoi, *Trusts: A Comparative Study*, p. 301。

然而,沿着由 Lupoi 所规划的方向前进,在 20 世纪 90 年代却并非那么容易的事。首先要跨越的障碍,是缺乏一个权威机构来使意大利的顾客们打消这个疑虑,即安置财产于为意大利的受益人们设立的信托之上这一行为,会被法庭接受为一个有效地处置他们在意大利的财富的有效途径。这个疑惑同样蔓延到那些对这些交易的财务待遇不熟悉的国家税务当局中。第二个挑战是要确保律师们可以胜任处理一项由外国法律管辖的制度这一要求极高的工作。《海牙信托公约》提供了一条狭窄的选择外国法律的途径,当然出色地选择好那个外国法律则是一个不同的事情了。这个困难被以下情况恶化了,即外国信托法只能以一种外国语言的形式获取,并且该外国语言表达的概念需 68
要由处理信托事务的律师(trust lawyers)来掌握。[86] 进一步而言,根据《海牙信托公约》第 13 条而对信托不予承认的可能性是一把悬在新成立的信托之上的"达摩克利斯之剑"。司法机构会对这个创新做出怎样的反应呢?

渐进主义和实践中的谨慎的递进,以及在关于《海牙信托公约》的意义和效力的辩论中有力的支持,在以下几个方面都很关键:建立信心、积累前进所需的知识和技术,以及劝说司法机构使之认识到这个制度本身并没有对意大利法律的根本原则构成任何特别的挑战。[87]

设立在位于意大利的财产上的、为了与意大利有密切联系的受益人利益的、由外国法律管辖的信托的第一步,是将公证员与银行拉进来。在意大利,公证员是公共官员。文件上印有公证员的印章,是对于该文件效力的明确认可,尤其是在该文件是以正式的形式出现的时候。据我所知,在《海牙信托公约》生效后,第一份由意大利公证员证明的信托文件,是设立"意大利信托"(Un trust per I'Italia)的文件。这

---

〔86〕 一项用意大利语写就的信托法现时在圣马力诺生效了。该法律的初始版本不允许委托人利用其条款,除非受托人是位于圣马力诺的居民或者是位于圣马力诺。该法删除该限制的修正案于 2010 年颁布。见 Legge 1° marzo 2010 n. 42,L'istituto del trust。

〔87〕 关于此点,请参见 Trib. Velletri,29 giugno 2005,T & AT,2005,577。

69 是一个根据明示的法律选择条款而由马耳他法律管辖的信托。该信托有马耳他受益人。该信托文件是用意大利文书写而成,并由罗马的一个意大利公证员于 1994 年正式证明的。尽管该信托与一个规定了信托的法域有客观的联系——持有信托财产的社团位于马耳他——但是其他大多数因素指向意大利的事实都表明该信托是“本土的”。朝着同一方向的其他步骤只是时间问题。银行业也迅速支持了为作为与意大利有最密切联系的信托的受托人的个人和公司开设和运营信托账户的可能性。[88]

在此过程中的下一个步骤,是获得其他公共机构的认可,意大利的土地登记机构就是该等公共机构的例子:该机构由财政部设立,隶属于拥有终极职责的意大利土地局。法庭支持这一步骤,并且几乎总
70 是推翻由登记官作出的否决设立信托见证的申请的意见。[89] 关于意大利公司的非争讼性的司法程序也通常认可与意大利有密切联系的信托的有效性。[90] 同时,信托正在成为全国律师和公证员日渐关注的目标。这方面的出版物猛增,而且为那些想对信托有更多了解的业内人士而举办的无数的会议和开设相关的课程,则有大量的人参加。

作为上述所有努力的结果,意大利现在是信托法不再是其境内神秘事物的欧洲法域之一。由全意大利法庭作出的超过 50 个意大利司法判决是关于信托的。[91] 它们中的绝大多数都认可:一个永久居住在意大利的意大利居民,有权利只是通过选择一个设立了信托的国家

---

〔88〕 Associazione Bancaria Italiana,Questioni legali varie-Trust,26 October 1999(on file with the author).

〔89〕 就此点所作的第一批判决,参见 Trib. Chieti,10 March 2000,T & AT,2000,372;Trib. Bologna,18 April 2000,T & AT,2000,372。接下来的与此具有相同意义的判决是如此之多,以至于此处都不能一一列举了。这些判决被收集在 M. Lupoi,*La giurisprudenza italiana sui trust dal* 1899 *al* 2009,Milano,Wolters Klumer,2009。应该参见本书而形成关于该领域司法发展趋势的更充分的认识。至于少见的否定信托承认的案例之一,参见 Trib. Ⅰ,637,T & AF,2003,255。

〔90〕 这方面的第一个案子,参见 Trib. Genova,24 March 1997,Giur. Comm.,Ⅱ,759。

〔91〕 参见前注 89 中的 M. Lupoi,*La giurisprudenza*。

的法律作为适用的法律的形式,而设立一个与意大利有最密切联系的
信托。这些判决通常都在其管辖权范围内确认该等信托的有效性,并
且赋予其效力,因为涉案信托遵守了《海牙信托公约》第 15 条所提供
的基本保护措施。[92] 至于那些法庭没有认可法律选择的有效性或者
尚未仅仅因为某信托是本土的就承认该信托的判决,迄今为止则是少
之又少的。这就解释了为什么根据外国法律设立的信托日渐流行,尽
管其例子已经达到了数百个而不是数千个。在过去的十年中,几个旨 71
在引进赋予当事人以与委托人在英格兰或者泽西的法律下所拥有的
关系相同的自由的议案已经提及议会;一个地方政府已经通过一项允
许创设一种在某种程度上复制了保密信托(a blind trust)的特征的设
计的法律,来规制政治家的利益冲突问题;[93] 一个关于民法典的修正
案于 2006 年被通过(见该法典第 2645 条之三),旨在许可不动产的分
割制度,来满足在普通法系法域中通常通过设立信托制度来满足的需
要。[94] 同样类型的、有着更远大目的的立法则正在酝酿中。[95]

在意大利议会可能就此问题在未来立法的同时,意大利的实务界根据《海牙信托公约》所作所为需要引起注意。现在根据外国法在意大利创设的信托之应用是什么呢?尽管是根据外国法律设立的,该制度是否已经在某种程度上被调整为更好地适应当地情况的制度?外国法律是如何被断章取义地适用的?

为了完整地回答第一个问题,人们不得不查询那些覆盖所有意大利法律的案件的细节,那些法律给某些事情留有余地,并且因此推动

---

〔92〕 最经常的情况是,那些违反规定的行为,都表现出将信托作为阻碍债权人的请求的工具的企图。这些企图可能会涉及委托人的刑事责任。这方面的判决之附随意见的例子,参见 Cassazione,Ⅳ sez. pen. ,18 December 2004,T & AT 2005,4。

〔93〕 Regione Sardegna, Legge Regionale Statutaria, 10 July 2008, n. 1, article 27, in Bollettino ufficiale della regione Sardegna, n. 23 del 18 luglio 2008, article 27, Corte Costituzionale,4 May 2009,n. 149,in Gazzetta ufficiale 13 May 2009,这些都宣布该法是违宪的,因为它未经全民投票的正当授权就颁布了。

〔94〕 参见 section Ⅶ。

〔95〕 参见 section Ⅶ。

72 从业者向着跨境借用法律的不寻常之途径前进——通过求助于《海牙信托公约》所赋予的自由空间的形式。对此问题的简短回答就是,在某些案件中,人们可以通过分割财产的形式使受益人来受益,而无须通过设立一个协会、基金或者公司的形式,也无须通过赋予受益人以对涉案财产拥有充分的控制权的形式来进行。

麻烦之处在于,分割财产以达到目的提升或者使受益人受益的效力,不能一般性地根据意大利的法律,而通过欲达此效力的简单声明和将财产转移给一个独立的经理的形式而获得。或者是,如果获得了该等效力,哪些规则会管辖这些安排可能是不确定的,尤其是在转让人或受让人去世或者破产的时候——除非是在下面的情况下,即立法机构介入并提供了一个特别的解决方案,例如,就像在保险合同中由顾客支付给保险代理人的钱有关的方案一样。[96]

这种零散的方法是十分没有帮助的,因为根据意大利法律,那些需要分割财产以将相关风险(如经理破产的风险)正确分配的个人的、社会的,或者商业的和金融的交易只是产生了一般合同法上的对人之债(personal obligations),或者在这些交易中是由受益人在享有财产利益的同时而承担这些风险的,或者是这些交易允许受益人在承担这些风险的同时,获得对财产的控制权(即使有理由不让该等受益人拥有这种控制权时也是如此)。

73 为了解释清楚这一点,在没有假装覆盖所有可获得的材料的条件下,让我们考虑一下,在意大利写就的(drafted in Italy)、满足产生于不同环境下(某些个人的、某些社会的、某些商业的或者某些金融的)需求的信托制度。[97] 值得注意的是,产生于上述制度中的信托已经在

---

〔96〕 D. Lgs. ,7 September 2005, n. 209, Codice delle assicurazioni private, article 117(使顾客支付给保险代理人的钱只有在支付给某些种类的债权人时才可使用).

〔97〕 A. Braun, *Italy*, in J. Glasson and G. Thomas, eds. , The International Trust, 2nd edn, Bristol, Jordan Publishing, 2006, p. 795. 也请参见 A. Braun, *El trust en Italia: aplicaciones en el ámbito del derecho de la persona y de la familia*, in E. Arroyo i Amayuelas, ed. , El trust en el derecho civil, Barcelona, Bosch, 2007, p. 133。

引起争议或者没有引起争议的诉讼程序中由法庭予以验证,并且司法界的反应总体来看是积极的。法庭已经反复陈述道:根据《海牙信托公约》第6条所作的对外国法律的选择是有效的,并且法庭支持设立可被承认的信托,即使该信托的因素显示,其与意大利而不是与一个其他法院拥有密切联系。[98]

具体到当事人为个人的情况下,意大利法院一直都认可在为委托人无能力的亲戚提供的不动产上设立的信托设计——通常是以确保该无能力人士能够在其父母或者其他扶养他的人去世后可以继续住 74
在同一个家里的内容来设立该等信托的。[99] 这些在分割或者离婚诉讼中由法院授权的、设置于不动产之上的信托设计,都属于一个类似的谱系,以确保夫妻对其子女的抚养义务。[100] 社会上也提供了由某市政府设立的、由一个私立基金会提供资金支持而由该政府拥有的土地上建筑的一个幼儿园的建筑物之管理的信托的例子,[101] 或者是由一个私人捐助者资助某大学理事会主席而设立的信托的例子。[102] 一项关于商业实践的调查显示,信托被应用在很多方面,例如,在持有大

---

[98] 十分确定的是,根据《海牙信托公约》第6条为某信托(除适用的法律这一因素外,该信托的所有显著因素都指向意大利)所作的对外国法律的选择是得到支持的,即使在所涉信托可能产生支持委托人的债权人的救济的情况下也是如此。参见 Trib. Milano,16 June 2009,见前注89 Lupoi:La giurisprudenza,p. 16。

[99] Trib. Genova,14 March 2006,in T & AF,2006,415(父母有阿尔茨海默病,儿子为无能力人);Trib. Modena,11 August 2005,T & AF,2006,581;Trib. Verona,8 January 2003,in T & AF,2003,409;Trib. Pisa,22 December 2001,in T & AF,2002,241,in Notariato,2002,382,由 Lupoi 附注,in Vita not.,2002,727,由 Siclari 附注。

[100] 其例 Trib. Torino,31 March 2009,T & AF,2009,413;Trib. Genova,1 April,2008,T & AF,2008 329(关于信托声明,也请参见前注,458);Trib. Milano,7 June 2006,in T & AF,2006,575;Trib. Milano,8 March 2005,in T & AF,2005,585;Trib. Bologna,1 April,2009,T & AF,2009,411,都裁决由被告向其离婚后的妻子支付扶养费——通过强迫该被告将其离婚后的妻子指定为其在离婚前设立的信托的受益人方式。

[101] 参见 Trib. Trieste, Ufficio del giudice Tavolare, 19 September 2007。也请参见 Tonelli,Il Caso,sez. Ⅰ,document 2210/2010。

[102] 关于此信托之公告,参见 M. Petrulli and F. Rubino, *Il trust: nozione giuridica ed operatività del sistema italiano*,Rome,Halley,2006,p. 118。

宗股票的场合,[103]在为了保护公司的破产管理人或者清算人而将对
75 抗税务部门未来的请求权分割开来的场合,[104]以及为了保证某债务
人持有公司的财产的场合。[105]

对这一实践的一项调查表明,意大利的经验是,沿着寻求信托制度和外国法律的帮助而克服《海牙信托公约》的管辖地的法律之限制的方向来发展。这就是为什么没有对当地法律情况的切实理解,因而很难理解意大利关于信托的法律发展情况的原因。用来圈定上述用意大利语写成的制度设计都反映了这一现实:它们不仅是外国标准的信托形式的翻译而已。[106] 现在,已经可以获取到大量的用意大利语写成的信托文件,因此对外国法律的研习已经产生了一定数量的、关于如何起草适应当地环境的信托文件的地方性知识。前面提到的信托中的某些类型可以通过以下途径获取:要么是专门的出版物,要么是诸如"信托在意大利"协会之类的机构的专业网站上。若将意大利的做法与其他法域的经验相比较,另一个需要考虑的问题是,意大利的委托人不愿意用信托的形式给予受托人以广泛的处置权,或者是让信托由那些依赖写着没有约束力意愿的文件之指导的受托人来实施。绝大多数生前信托(inter vivos trust)声明都是不可撤销的,为强化这一信息,即设立一个信托会导致委托人失去对信托财产的控制。另
76 外,通常情况下,遗嘱看上去都不是通过信托的形式来确立的。最后,几乎所有在意大利写就的信托文件都包括一个将管辖权归属到意大利法庭的专属管辖条款,以防范不得不将与意大利有最密切联系的信托纠纷提交给一个外国法庭的风险。此类诉讼所产生的代价传递出这样一个信息,即这种事是得不偿失的。谈及投资和代价,意大利的

[103] 有关信息参见意大利金融服务监管部门 Consob 的网站:http://www.consob.it。

[104] Trib. Roma,4 April 2003,in T & AF,2003,411.

[105] Trib. Bologna,2 March 2010,in Ⅱ Caso,sez. Ⅰ,documents 2110/2010.

[106] 参见 M. Lupoi,*The Hague Convention,the Civil Law and the Italian Experience*,in (2007)21 Trust L. I. 80,84;Lupoi,*A Civil Law Perspective on Trusts and the Italian Case*,in (2005)11 Trusts & Trustees 132。

律师和法官们在处理这一问题上所获得的专业知识水平无法与那些普通法系法域几个世纪以来发展起来的专业知识水平相媲美,尽管可以获取的关于意大利的信托的信息和分析的数量只可以用“令人印象深刻”来形容。迄今为止,没有出现涉及追溯、混合账户以及诸如此类的事项之诉讼(尽管根据《海牙信托公约》,这种类型的诉讼仍然是意大利关于持有信托财产的第三人的法律所予以保留的条款)。另外,法庭确实为信托的执行提供了一些必要的救济措施,例如,将违反信托的受托人予以解聘。[107]

在此总体框架下,对比较法律师(而不是参与该交易的律师或者公证员)来说,对普通法和衡平法之间的区别的影响之准确理解仍然是一个问题。一个避免此种困境常见的途径,已经变成了选择一个法域(如泽西)的法律作为可适用的法律。依此途径,该信托相应地由一个与此区别没有关系的外国法律来管辖,而这提升了在立法中作出相 77
应规定的好处。在适当的时候,相应的法律连同其评注(commentary)被翻译成意大利语,而此译本已经是第二版了。[108]

Ⅶ　闪光的都是金子吗?让我们深入意大利立法措施所引导的法律改革的方向中去

尽管迄今为止学术界和司法界的权威都支持执行在意大利设立的本土信托,但是人们仍然想知道现行的做法是否有其不利的一面。对此问题切合实际的答案,就是这种权宜之计必须产生收获大于付出的效果,否则就没有它的生存空间。然而,这样一种由意大利的国民

---

〔107〕 Cassazione,13 June 2008,n. 16022,T & AT,2008,522(本案涉及的信托是由一对夫妇在离婚获得的一套房屋上为子女利益设立的).

〔108〕 E. Barla De Guglielmi,P. Panico and F. PIGHI,*La Legge di Jersey sui trust*:*Jersey nel modello internazionale dei trust*,Milano,Wolters Kluwer,2007. 这只是一系列提供外国信托法基本评注的类似出版物中的一本。

和居民(Italian nationals and residents)赋予外国信托法律的系统性资源，即实施与意大利有最密切联系的交易的资源，有至少一种需要明确指出的弊端。

在某种程度上，利用外国法律在意大利设立信托的做法，在法律行业内创造了一个分支。有些人可以投入一定精力来学习关于外国法足够的知识，从而能够为了前述目的而利用该外国法，同时，也有些
78 人的情况则与这些人并不相同。现在，这个分支已经不像十年前那么严肃了，因为迄今为止，关于外国信托法律的知识和在意大利设立信托的技术的知识的数量是巨大的；而且总体而言，在意大利，这种知识是容易获得的。不管怎样，这种引人注目的发展并没有缩小那些拥有关于外国资料一手知识的人和那些只是拥有基于翻译和评注的意大利语资料的人之间的差距。这种情况将我们带回到了参加《海牙信托公约》起草的意大利代表所作的清醒的评论：他强调在选择可适用的法律过程中所具有的充分的当事人意思自治是如何在使当地的法律环境适应该等“纯粹内部信托”(purely internal trust)的法律方面，可以达到“代价太大”的程度。[109] 只有认可这种说法是深入到了问题的实质，才是一种公平的做法，尽管很多专业人士已经决定承受那些代价。这种整体性的看法可能解释了法律界中的某些专业人士(其中一些专业人士是公证员)已经开始在该领域进行新的立法的计划。他们的目的是，引进一些允许更切实地分离财产的权力的新的法律形式，这样可以使市民们根据意大利法律就可以获得在某些情况下只有通过《海牙信托公约》及其许可的外国法律才能获得的东西。

2006 年将一个新的第 2645 条之三加到《意大利民法典》中的修订，代表了这个方面的部分成功。这个新条款允许对一种意义含混的
79 “目的证券”(vincolo di destinazione)予以备案(recording)，这种证券

〔109〕 参见 A. 甘巴罗(A. Gambaro)的发言，in Hague Conference on Private International Law，Proceedings of the Fifteenth Sesssion(1984)，vol. Ⅱ。

是自愿地在不动产和公共登记簿上登记的其他财产上设立的。基于第 2645 条之三的规定,财产的所有者在土地或者其他登记了的财产(如汽车或者轮船)上设定负担可以超过 90 年以上的时间,来保证该等财产将会被运用到为了任何自然人或者法人的利益之特定目的上。执行此等交易的必要形式,是一份公证文件或者由一个公共官员签署的其他文件。这种权利负担的设定,需要到土地登记部门或者其他相关登记部门登记,以使其对第三方和债权人产生效力。上述财产所有者的债权人不能对该等财产实施除上述目的外的追索。另外,上述目的则可被在上述目的实现过程中由有利益的任何人来予以实现。

蕴含于这些条款中的规定是起草一种方案的适当法律基础——这种方案之例子如:为确保一个残障儿童有权终其一生都居住在他/她的家中。麻烦之处在于,规定于第 2645 条之三中的制度可能缺乏随着时间流逝而发生的环境变化所需要的足够的灵活性,并且具有一种纯粹消极的作用。第 2645 条之三没有明确在各种可能的情况下,谁应该承担避免将该种设定权利负担的行为变成设立于相关土地上的、加诸本来应该被保护的人身上的、纯粹消极的负担之义务。[110] 还
应该考虑的是,第 2645 条之三导致了一种对意大利财产法的整体性 80
原则的重大偏离,因为它并未与其创立的法律模式(vinculum iuris)的准确法律结构保持一致。当然,可以在设立这种权利负担的法律文件之内容中作出很多规定以补足这种新规则的不足,但是这一条款是相当难以用单纯的良好文件起草技术来补足的。

令人并不感到惊讶的是,此项改革尚未终止关于应该做什么来为意大利提供更多的立法从而避免寻求外国信托法的帮助来满足在现有立法框架下很难满足的需要的争论。现在,新立法已经在酝酿中。

---

〔110〕 迄今为止,只有一个判决是基于这个新条款作出的:Trib. Reggio Emilia,26 March 2007,Giur. It.,2008,Ⅲ,629。此案涉及一个设立于一所房屋之上的 vincolo di destinazione,该房屋之上设立权利负担的目的,是担保根据一份为了抚养这对夫妇的孩子们所制定的分离合同所为的某些到期款项的支付。

如果获得通过,如将来可能发生的那样,新的一章将被增加到《意大利民法典》中去:该章将以意大利律师们十分熟悉的语言,引入一种新的财产持有制度——该制度允许其适用者有运用更复杂的方法来满足其顾客之需要的充分的灵活性。这将允许意大利人利用一种根据《海牙信托公约》中的信托的关键特征而创设的制度,在更广泛的范围内,向一个独立的财产管理人提供财产,而该独立管理人既非委托人的代理人,也非委托人的受任者,更不是受益人。该立法可能仍然允许意大利委托人在其愿意的情况下利用外国法来设立信托,因为现在的实践符合《海牙信托公约》的规定,但是它至少为他们提供了一种利用外国法律来处理纯粹的国内事务的严肃的替代性选择。然而,即使上述
81 立法变革项目失败了,人们仍然不难看到那些预期到《海牙信托公约》可以有教育功效的人们是多么正确——该等功效甚至可能超出了他们的最佳期望。如果需要提供在法律领域也有通过模仿和拼凑(improvisation)而习得的证据的话,关于意大利的信托的故事就是很
82 好的例证。

第三章　以色列/巴勒斯坦的明示信托法多元信托制度及其历史

亚当·霍夫里-温拿格里多

(Adam Hofri-Winogradow)*

I　引言

在以色列/巴勒斯坦,现行的明示信托法(遗产规划信托)以典型的七拼八凑的形式打击了投资者。委托人利用从伊斯兰法律到海外信托制度的规范传统和来源,创建企业和家族信托(family trusts)。一些以色列穆斯林仍然在犹太国家的伊斯兰教法庭上创建和管理伊斯兰瓦格夫(Islamic waqf)。其他委托人要么信任以色列 1979 年的《信托法》,要么选择相信外国的信托制度,而以色列 1979 年的《信托

* 感谢尤塞夫·阿克-奥马尔(Yousef Aku-Asmar)、穆罕默德·艾-乌贝德(Muhammad Al-Ubeyd)、保罗-安德鲁·克雷伯(Paul-André Crépeau)、阿龙·卡普兰(Alon Kaplan)、梅厄·林泽(Meir Linzen)和莱昂纳尔·史密斯,他们敏锐的评论有助于本章的构建。

法》在追寻许多普通法系信托足迹的同时,不承认信托财产上受托人的权利。另外还有些人根据传统犹太法和教会法来管理信托,这些人就更不可能建立信托了。自 2006 年以来,这种复杂的实践被复杂的信托税制所覆盖。以色列民法典草案承诺以信托条款取代 1979 年的法律,信托条款将受托人定义为信托主体的所有者。

83 法院本身用一种积极的关于推定信托(constructive trust)的法律搅乱了旋涡。另外,1914 年奥斯曼晚期的巴勒斯坦虽然在人口、技术、运输和许多法律领域发展迅速,但只知道一种形式的信托:伊斯兰瓦格夫。本章揭示了规范性沉淀的过程,从中展示了多姿多彩的巴勒斯坦法律行为人,例如,传统的和现代的犹太人、穆斯林和基督教阿拉伯人、奥斯曼和英国的行政人员在接受过后,又拒绝了普通法系的信托法。这一过程反映了这一时期在该地区发生的许多复杂的社会、经济、政治和文化进程,包括向巴勒斯坦输入犹太货币以实现犹太复国主义事业的斗争。在巴勒斯坦的英国委任统治中,一直存在赞成和反对犹太复国主义者的争论,以及犹太巴勒斯坦法律学者之间关于未来犹太国家的法律是否应该奠基于普通法系、大陆法系或犹太法律传统的争论。

现代巴勒斯坦/以色列的信托的历史可以自然地分为四个不同的子故事,每个子故事反映了该地区复杂的政治和经济历史的各个方面:

(1)关于奥斯曼时代末期巴勒斯坦瓦格夫法律发展的伊斯兰故事。

(2)一个犹太复国主义者的故事,讲述的是犹太复国主义者在建立犹太复国主义者殖民地时期将犹太人的资金输入巴勒斯坦的故事。

84 (3)一个殖民地的故事,讲述的是英国殖民立法者和法官辩论是否应将普通法系的信托引入他们统治的巴勒斯坦的故事。

(4)一个经典的关于"接受"的故事,以普通法系的信托进入独立的以色列的部分民事法律制度的曲折故事。

Ⅱ　伊斯兰故事

A. 经典的伊斯兰瓦格夫

伊斯兰故事主要是关于瓦格夫的伊斯兰法。包括瓦格夫在内的伊斯兰法律是奥斯曼帝国当时的主要法律传统,其从 16 世纪至 1918 年[1]控制着巴勒斯坦。瓦格夫像普通法系的信托一样,其形式或者是慈善瓦格夫(the waqf khayri),或者是私益瓦格夫(埃及所称的 the wagf ahli 或者巴勒斯坦所称的 the waqf dhurri)。与现代西方信托不同,但是与英国早期的信托非常相似,私益瓦格夫仅限于家族信托。将一个人的财产奉献给一个家族的瓦格夫,使穆斯林能够逃避严格的伊斯兰教法中的固定份额制度;能够限制家族财产在父系之外扩散;能够通过一个被视为神圣的机构,从掠夺性的统治者那获得一定程度的豁免权。[2]

为了使私益瓦格夫如此操作,其奉献者必须为了慈善目的设置一 85
个最终限制,一旦家族毁灭其所奉献的财产就会被占有。像普通法系的信托一样,瓦格夫是一个基金;而由一个委托人创建的瓦格夫,完全切断了他自己财产与设立瓦格夫的财产之间的关系,并由委托人指定的受托人(被称为穆塔瓦利,英文为 mutawalli,指信托中的受托人——译者注)来管理。委托人可以指定他自己或他的一个最亲近的亲属作为受托人(其中,直到 20 世纪,一次只能有一个受托人),并将瓦格夫

---

〔1〕 奥斯曼苏丹确实颁布了另外的非伊斯兰规范(non-shar'i),称为 Kānūnnāme。这个行为被伊斯兰教明示的(siyasa shar'iya)教义证明是合理的,因为允许人类对行为方面进行调节,而行为方面不受神圣法律的约束,且不与该法律相抵触。关于 Kānūnnāme,参见 P. Bearman 等人编辑:*Encyclopedia of Islam*,2nd edn, Leiden and Boston, 2006, vol. Ⅳ, p. 562, column 1。

〔2〕 A. Layish, *The Family Waqf and the Shar'i Law of Successiòn in Modern Times* (1997) 4 Islamic Law and Society 352; I. Edge, *Methods of Avoidance of the Fixed Heirship Rules in Islamic Law: The Islamic Trust* (2008) 14 Trust & Trustees 457.

资产的10% ~15%的收入作为受托人的薪水。受托人可以作为剩余财产的受益人(residuary beneficiary),并可以雇用其他家族成员作为瓦格夫的员工。因此,瓦格夫法并未像普通法系信托法那样遵循将受益和控制予以分离的做法。国家和宗教精英,通过当地的伊斯兰教法官和卡迪(qadi,系阿拉伯语音译,伊斯兰教教职称谓,意为“教法执行官”,对穆斯林当事人之间的民事、商事、刑事等诉讼进行审判的官员——译者注),一直密切关注私益信托:想要建立一个瓦格夫,经过当地的卡迪批准是必要的。[3] 一旦瓦格夫启动和运行,受
86 益人或受托人可以把它带到卡迪面前,就像英国的信托可以被带到法庭一样。直到19世纪,奥斯曼帝国才开始对其领土内的许多瓦格夫进行逐渐国有化,法庭对瓦格夫的监督也完全依赖于受益人通过向法院申请审查而引发。在这种情况下,许多受托人将瓦格夫几乎所有的收入用于支付工资,包括他们自己的工资以及分配给受益人的那些工资,几乎没有留下任何维护费用。因此,瓦格夫法所产生的激励措施解释了为什么在许多中东城市中,瓦格夫拥有的房产长期处于贫困状态的趋势。伊斯兰教法并不认为瓦格夫本身就是一个法人;人们也不认为受托人拥有该财产。与魁北克省 fiducie 中的财产拥有制度并无不同,这笔财产是看得见的,不属于任何人,也不属于真主——因此,在传统的瓦格夫法律中,这笔财产是不可分割、不可交换的。

---

[3] 这个简短的段落,旨在向不熟悉瓦格夫的读者介绍该制度,但显然仅限于最简单的轮廓。有关瓦格夫更全面的讨论,参见前注1中提到的 Bearman 等人编辑的 Encyclopedia of Islam 中第Ⅰ栏第Ⅵ卷第59页中 R. Deguilhem 等人撰写的“Wakf”词条;另参见 M. Qadri Pasha, Qanun al-'adI wa'l-insaf lla-qada'ala mushklat al-awqaf(Bulag, 1320/1902);H. Cattan, “The Law of Wagf”, in M. Khadduri and H. J. Liebesny, eds., *Law in the Middle East: Origin and Development of Islamic Law*, Washington DC, Middle East Institute, 1955, vol. Ⅰ, p. 203; W. F. Fratcher, *The Islamic Wakf* (1971) 36 Mo. L. Rev. 153。关于目前的情况,参见 T. Kuran, *The Provision of Public Goods under Islamic Law: Origins, Impact and Limitations of the Wagf System*, (2001) 35(4) Law and Society Review 841。

B. 奥斯曼帝国晚期的瓦格夫

在 19 世纪的奥斯曼帝国统治下的巴勒斯坦，一些伊斯兰法律专家和巴勒斯坦卡迪放松了禁止非穆斯林设立瓦格夫的传统伊斯兰规定，甚至偶尔也允许他们为了异教目的（如维护非穆斯林宗教场所）而设立瓦格夫。[4] 奥斯曼帝国统治下的巴勒斯坦的宗教少数派成员——基督徒和犹太人——都设立了慈善和私益的瓦格夫。

因此，少数人使用信托就是因为该文书在犹太教、基督教和伊斯 87
兰教中所享有的虔诚内涵。少数人使用私益瓦格夫的动机，是希望通过瓦格夫能获得遗嘱自由，最大限度地减少他们和他们的遗产所承担的税收负担，以及防止他们的家族财产超出父系范围。至于慈善瓦格夫，在 1913 年之前，根据奥斯曼法律，诸如教堂和地方宗教社团等公共机构不被承认为法人，这一事实剥夺了它们成为慈善瓦格夫的可能性。基督教徒使用伊斯兰教的信托形式，是伊斯兰教的信托法作为奥斯曼国家法律地位的结果：在基督教教规的有限范围内，使基督教徒运用他们的各种主权国家（包括世俗民族国家）的法律，为宗教目的而奉献财产。犹太人在伊斯兰教法院面前设置自己的瓦格夫，表面看起来更令人惊讶，因为他们可以根据犹太宗教法哈拉卡（halacha，犹太宗教法律体系总称——译者注）在他们的领袖拉比（rabbis，犹太教祭司——译者注）面前拥有专属财产。奥斯曼帝国甚至给予这些祭司对其宗教成员有限的正式管辖权，其中包括创建和管理哈拉卡捐赠（halachic endowments）。少数人使用伊斯兰信托形式还有两个原因：

（a）帝国在《奥斯曼土地法典》和《土地登记法》（又名塔普法， 88
Tapu Act）（两部法都是指 1858 年版本的）中建立了土地登记制度

---

〔4〕 可以比较一下：早期的现代英国大法官拒绝承认慈善信托对非基督徒的目的，例如为了维持犹太人的生活之目的：Da Costa v. De Pas（1754）Amb. 228，27 E. R. 150；2 Swans. 487，36 E. R. 716。

之后，[5]那些希望登记其捐赠的基督教徒和犹太人都不得不将他们的捐赠作为瓦格夫而设置或再设置，因为土地登记处不承认其他任何形式的信托。未登记的捐赠有可能遭到对该土地有竞争性索赔权的其他人的挑战。[6]

（b）作为一个神圣的机构，瓦格夫被视为相对安全的、免于政府掠夺的一种方法，这种掠夺时常困扰着帝国的财产所有者：税收、征用、腐败的政府官员的各种要求，以及征服和再征服带来的危险。尽管这种观念并非总是真实的，但它有助于穆斯林奥斯曼政府的非穆斯林主体使用穆斯林信托形式。[7]

在 19 世纪巴勒斯坦的实践中，关于瓦格夫的法律明显不如在书本里的 fiqh（伊斯兰法律理论）所要求的那么严格。虽然瓦格夫法律的经典规则是将租赁限制为三年，但实际上，在 waqfiyyas（信托合同）
89 中，明确允许受托人既可转让信托财产（istibdal），又可将信托财产予以长期租赁（khakar，ijāratayn），尽管许多信托合同将信托财产每次的租赁时间限制为四年。受托人经常违反信托，导致伊斯兰教法保护者或称纳塔尔（nat'ar）的崛起，其有时由瓦格夫指定，有时由法院作为纠正措施而产生。许多受托人被授权排除和增加受益人。为了抵制受托人疏于照顾瓦格夫财产，而将收入分配给他们自己或者其他瓦格夫员工和受益人的倾向，许多委托人规定收入首先用于维护财产，而剩余物仅在受益人之间分配。[8] 此外，奥斯曼帝国在 19 世纪之前逐渐

---

〔5〕 关于奥斯曼法的官方版本，奥斯曼土耳其语版本的，参见 Dustur，vol. 1，165（Land Code）and 200（Tapu Act）；土地登记法的法语译本可在以下文献中查阅：G. Young，*Corps de droit ottoman*，7 vols.，Oxford，Clarendon Press，1905 – 6，vol. Ⅵ，p. 45。

〔6〕 R. Shaham，*Christian and Jewish Waqf before the Shari'a Courts of Late Ottoman Palestine*（1989）32 HaMizrach HaChadash 46，57 – 8（Hebrew）；Shaham 文章的英文版本，见 *Christian and Jewish Waqf in Palestine during the Late Ottoman Period*（1991）54（3）Bulletin of the School of Oriental and African Studies 460。

〔7〕 参见前注 6 中 Shaham，*Christian and Jewish Waqf*，58 – 61；前注 3 中 Kuran，*The Provision of Public Goods*，854 – 8。

〔8〕 参见前注 6 中 Shaham，*Christian and Jewish Waqf*，50 – 1。

将瓦格夫制度国家化——瓦格夫制度最初是一个民间制度而不是国家制度。对瓦格夫的监督从地方法官手里转移到了负责慈善捐赠的(政府)部门。该部门及其官员最终取代了委托人指定的受托人作为慈善信托(现被称为 waqfs madbut)的受托人,并获得了对私益家族瓦格夫(private,family waqfs,现被称为 waqfs mulhaq)的重大监督权。现代化的瓦格夫制度控制着20世纪早期巴勒斯坦的大部分资源,包括穆斯林资源和其他资源。[9]

1917~1918年英国征服巴勒斯坦之后,在巴勒斯坦,瓦格夫失去了作为唯一的信托形式的排他性和其作为信托的一种形式比其他任 90
何形式的信托都重要的支配性地位,其在巴勒斯坦的发展情况将在本章后面进行叙述。英国把在奥斯曼时代晚期在伊斯坦布尔发挥作用的慈善捐赠部门的职权移交给了一个新成立的最高穆斯林委员会,该委员会由著名的穆斯林巴勒斯坦家族控制,主要是侯赛因家族(Husseinis)。从1929年开始,该委员会为了巴勒斯坦的民族利益而支持骚乱,这导致委任统治政府于1937年暂停了该委员会的中央委员会的工作,取而代之的是由两名英国官员和一名巴勒斯坦律师组成的政府联合委员会。[10] 大多数巴勒斯坦精英在1948年战争期间逃离了巴勒斯坦,许多人在以色列的"缺席者财产法"(Absentees' Property Act)下成为"缺席者"。[11] 他们控制的财产被转移给以色列的缺席者财产托管人,后来他们将大部分财产移交给国家和开发机构。一些被归类为慈善瓦格夫财产的财产在1965年之后从托管人处转移到阿拉伯受托人委员会,就以色列的现行法律而言,这些财产脱离了瓦格夫

〔9〕 巴勒斯坦奥斯曼政府集中行政努力而实施瓦格夫的情况,参见 M. Dumper, Islam and Israel, *Muslim Religious Endowments and the Jewish State*, Washington, DC, Institute for Palestine Studies, 1994, p. 14-18。

〔10〕 Y. Reiter, *Islamic Endowments in Jerusalem under the British Mandate*, London, Frank Cass Publishers, 1987;前注9中 Dumper, Islam and Israel, p. 18-24。关于最高穆斯林委员会,参见 U. Kupferschmidt, *The Supreme Muslim Council: Islam under the British Mandate for Palestine*, Leiden, Brill, 1987。

〔11〕 Absentees' Property Act(1950) Israeli Legislation, p. 86.

的状态。尽管巴勒斯坦的瓦格夫数量下降——这与巴勒斯坦民族财富的下降是同步的——但许多瓦格夫财产到今天仍然作为瓦格夫在
91 巴勒斯坦被管理。[12] 在20世纪40年代和50年代,犹太人仍然在耶路撒冷设定穆斯林瓦格夫。

自奥斯曼帝国时代以来,国家控制着瓦格夫,许多变革似乎至少改变了一些巴勒斯坦律师对瓦格夫形式本身的理解:从无人拥有的基金(经典的伊斯兰立场)变成了一个法人。[13] 对于瓦格夫的这种令人困惑的"具体化"(reification)有待进一步研究。其中一个可能的原因是奥斯曼晚期的做法,从那以后一直保留着注册瓦格夫财产的习惯,而不是像受托人所拥有的财产那样(如果财产拥有者只有受托人的身份)。

Ⅲ 一个犹太复国主义者的故事

A. 早期犹太复国主义者的伪信托

20世纪初,另一个平行的巴勒斯坦信托故事开始了:犹太复国主义运动的各种武装利用类似信托的安排方式,将犹太人的钱输入到巴勒斯坦。犹太复国主义鼓励大量犹太人移民到贫穷、不发达的奥斯曼帝国下辖的巴勒斯坦的项目,将大规模的资本投入到土地购买、基础设施、建筑、农业、工业和教育中去。20世纪30年代以前,由于大多数
92 犹太移民者本身就很穷,他们经常不得不通过犹太复国主义者的经费支持来接受培训、定居和就业。建于19世纪80年代和90年代的巴勒斯坦殖民地,是最早的犹太复国主义者的殖民地,其从富有的犹太

---

〔12〕 参见前注9中Dumper, Islam and Israel, p.25;关于截至20世纪60年代中期在独立的以色列境内瓦格夫项下的财产情况,也参见A. Layish, *The Muslim Waqf in Israel* (1966) *Asian and African Studies* 41。

〔13〕 与Adv. Yousef Abu-Asmar的对话,2009年6月。

金融家(如罗斯柴尔德男爵和德赫希)那里获得了巨额捐款。许多移民的全部生活费用都是由捐赠的资金资助的。融资导致了赞助关系的成立,正如移民者在受到罗斯柴尔德男爵干涉时所意识到的那样。[14] 雷德·赫茨尔(Theodor Herzl)博士是一位奥地利犹太人,他是 1895 年至 1904 年犹太复国主义运动的有远见的领导人。他认为,在巴勒斯坦的犹太移民者应获得贷款,而不是赠送资金。由赫茨尔博士领导的第二届(1898 年)犹太复国主义者大会决定建立犹太复国主义银行,为犹太复国主义的许多需求提供贷款资金。赫茨尔博士希望世界上的犹太人能够认购 200 万英镑,他认为投资拟议中的"犹太殖民银行"(Jewish Colonial Bank)可能会获利,因为该银行购买的巴勒斯坦土地的价值肯定会随着犹太人的移民而给巴勒斯坦的种植状况带来改善。[15] 该银行是世界上犹太复国主义组织最早的一家金融机构,成立于 1899 年,当时还是犹太殖民地信托基金(JCT):不管叫什么名字,它实际上是一家在伦敦注册成立的合股公司(a joint-stock corporation),而不是普通法上的信托。[16]

与犹太殖民地信托基金之徒有其名不同,世界犹太复国主义组织 93
和其他犹太复国主义团体在 20 世纪初建立了其他金融机构,为其移民活动提供资金,这些机构具有信托型特征;一些甚至实质上就是

---

〔14〕 G. Kressel, *Rothschild, Baron Edmond James de'*, in M. Berenbaum and E. Skolnik, eds., *Encyclopaedia Judaica*, 2nd edn, Detroit, Macmillan, 2007, vol. XVII, p. 491 – 2.

〔15〕 T. Herzl, *Die Jüdische Colonialbank*, in Die Welt, no. 25, 19, November 1897, p. 1. 该文章的希伯来语译文,见 Select Works of Herz, trans. by Asher Barash et al., Tel Aviv, Mitzpe Press, 1939, vol. V, p. 193。

〔16〕 非信托机构被称为"信托"的现象在 20 世纪之交非常普遍:20 世纪初日本的信托(shintaku)公司,实质上是贷款机构而不是信托:H. Dogauchi, *Trusts in the Law of Japan*, in M. Cantin Cumyn, ed., La fiducie face au trust dans les rapports d'affaires, Brussels, Bruylant, 1998, p. 105 – 106;另见 M. Arai, *Japan*, in A. Kaplan, ed., Trusts in Prime Jurisdictions, 3rd edn, London, Global Law and Business, 2010, p. 233, 234 – 5。

信托。〔17〕

一个重要的例子是 1901 年世界犹太复国主义组织建立的犹太民族基金(JNF)——它最终于 1907 年正式成立。它是作为筹款机构、土地购买组织和巴勒斯坦的长期土地所有者,而信托给犹太人民的基金。〔18〕 经过长时间的讨论,最终决定犹太民族基金的形式不是英式的合股公司、德式的 Genossenshaft(合作社,co-operative society)或德式的 Stiftung(基金会,foundation),也不是以犹太殖民信托为受托人的英式信托,而是采取担保有限公司(an association limited by guarantee,一种不发行股票的公司)的形式:成员责任仅限于他们各自同意在公司资产清算时出资的金额。拒绝接受普通法系的信托形式
94 的主要原因是,由于基金的权力包括耕种土地、租赁土地和发展工业的权力,所以不能将其视为纯粹的慈善事业,并因此受制于永久使用的规则。准确地说,犹太复国主义者想要的是永久性——实际上就是犹太复国主义者的瓦格夫:犹太民族基金所购买的土地变得不可分割,且只能仅仅租给犹太承租人。〔19〕

B. 哈瓦拉(Ha'avara):把犹太人的钱从纳粹德国转移

普通法系的信托最明显的例子,后来作为犹太复国主义项目的一个工具出现了,因为犹太人受到了 1933 年年初德国建立的纳粹政府的威胁。相对来说,许多德国犹太人是富有的,而直到 1939 年,纳粹

---

〔17〕 关于与犹太复国主义高管无关的私人"定居点公司",参见 Y. Katz, *The "Business" of Settlement in the Jewish Settlement of Palestine*, 1900 – 1914, Jerusalem and Ramat-Gan, Magnes Press, 1994。

〔18〕 L. Doukhan-Landau, *The Zionist Companies for Land Purchase in Palestine*, Jerusalem, Yad Izhak Ben-Zvi, 1979, p. 63; T. Shiloni, *The Jewish National Fund and Settlement in Eretz-Israel*, 1903 – 1914, Jerusalem, Yad Izhak Ben-Zvi, 1990, p. 26 – 9.

〔19〕 有关犹太民族基金的法律形式的复杂谈判,参见 H. Bentwich, *Zur Legalisierung des jüdischen Nationalfonds*, Die Welt, no. 39, 28 September 1906, p. 27 – 32; M. Bodenheimer, *Zur Legalisierung des jüdischen Nationalfonds*, Die Welt, no. 40, 3 October 1906, p. 13 – 14; no. 41, 12 October 1906, p. 12 – 14。关于此问题的讨论,参见前注 18 中的 Doukhan-Landau, *The Zionist Companies*, p. 74; 关于前注 2 中有用的概念性讨论:Edge, Methods of Avoidance, 462。

政府的政策是支持他们移民到德国以外的地区。富裕的犹太人可以比不幸的人更容易移民到被委任统治的巴勒斯坦,因为委任统治政府直到 1937 年才准备发行无限数量的 A－1 签证,授予那些可以证明其财产价值至少为 1000 英镑的移民。在纳粹掌权之前,这些相对富裕的犹太人移民到巴勒斯坦的人数非常有限。

中欧和西欧的富裕的犹太人——更不用说美洲的犹太人——一 95
般都打算留在他们的东道国中。纳粹政权的崛起,使相对繁荣的犹太人口增长自 19 世纪末犹太复国主义兴起以来首次受到直接威胁;随着其他移民选择日益减少,移民到巴勒斯坦的选择变得更具吸引力。

然而,富裕的移民通常想把他们的财富随身携带。1931 ~ 1932 年,在纳粹接管之前,为了阻止资本从德国外逃,德国立法规定,在没有特别许可的情况下,那些离开德国领土的人可以随身携带的资金数量被限制在 200 德国马克(当时大约相当于 13 英镑)。这样一笔钱并不足以获得 A－1 签证,更谈不上在巴勒斯坦定居。许多商业企业利用德国犹太人的困境,提供可以在德国购买保险单然后在移民后以相当大的折扣兑现到国外等形式,使德国犹太人移民出境。在那种情况下,纳粹上台前,实施委任统治的巴勒斯坦的德国裔犹太社区的领导人——主要是费利克斯・罗森布卢斯和沃纳参议员,以及作为当时犹太机构的政治部门负责人的查姆・阿洛索洛夫——设想为使犹太人及其财产离开德国到巴勒斯坦而开展大规模的信托行动。犹太商人、德国犹太银行、德国犹太复国运动的代表和纳粹维特沙夫特乐姆派(the Nazi Wirtschaftsministerium)代表之间的谈判被证明是成功的,1933 年年底,在德国和巴勒斯坦设立并注册了两家"信托公司"(trust companies)。德国信托公司 PALTREU——Palästina Treuhandstelle zur Beratung Deutscher Juden,或称为巴勒斯坦信托办公室(the Palestine 96
Trust Office),是英国—巴勒斯坦银行(the Anglo-Palestine Bank,该银行是犹太殖民信托的子公司)和由华伯格家族和瓦塞尔曼家族所拥有的两个主要的德国犹太银行的合伙人。巴勒斯坦信托公司(the Palestine Trust Company),即信托和转移办公室"哈瓦拉"(Ha'avara,即转移的意思),是英国—巴勒斯坦银行的特拉维夫子公司。该计划的工作如下:德国犹太人在德国帝国银行的两个特别指定账户中的一个账户里,存入超过等于1000英镑的德国马克的财产。在收到这样做的证明后,他们能够证明他们的资金已存入委任政府移民局,并获得巴勒斯坦的A-1签证。同时,巴勒斯坦商人和工业家向特拉维夫的哈瓦拉办事处订购德国产品——通常是德国制造商在自由市场上销售的产品。从前述德国信托公司PALTREU的德国帝国银行账户中取出的钱,通过哈瓦拉和巴勒斯坦银行作为付款被转账给德国制造商。当巴勒斯坦买家还清巴勒斯坦银行的贷款时,哈瓦拉向来自德国的新移民支付了对价。德国对德国产品出口市场的需求也得到了满足,这些产品被利用来允许德国犹太人在财产几乎完整的情况下,逃离希特勒的套索:哈瓦拉-帕特鲁项目(Ha'avara-PALTREU)为这项服务而收取5%的佣金,远低于其他可用的绕道方式所涉及的比例。这就是绕过德国禁止外汇流出的可行方法。[20]

97 哈瓦拉转移机制相当具有创造性地使用了信托形式,以绕过当时德国严格的外汇管制,实现犹太复国主义者从德国转移德国犹太人及其财产并将他们带到巴勒斯坦的目标。按照德国外汇公司的政策,存

---

〔20〕 关于Ha'avara转移行动的历史,参见W. Feilchenfeld, *Five Years of Jewish Immigration from Germany and the Haavara-Transfer*, 1933 – 1939, Tel Aviv, Haaretz Press, 1938; 1972; W. Feilchenfeld et al., *Haavara-Transfer nach Palästina und Einwanderung Deutscher Juden* 1933 – 1939, Tübingen, Mohr, 1972; L. Pinner, *Vermogenstransfer nach Palästina*, 1933 – 1939, in H. Tramer, ed., In Zwei Welten: Siegfried Moses zum Fünfundsiebzigsten Geburtstag, Tel Aviv, Verlag Bitaon, 1962, p. 133; Y. Gelber, *New Homeland: Immigration and Absorption of Central European Jews*, 1933 – 1948, Jerusalem, Leo Baeck Institute and Yad Izhak ben-Zvi, 1990, p. 26, 154; R. Bondy, *Felix: Pinchas Rosen and His Time*, Tel Aviv, Zamora-Bitan Press, 1990, p. 120, 247, 290; R. N. Rosenzweig, *The Economic Consequences of Zionism*, Leiden, Brill, 1989, p. 81 – 9; H. A. Strauss, *Jewish Emigration from Germany: Nazi Policies and Jewish Responses*(Ⅱ)(1981)26 The Leo Baeck Institute Yearbook 326, 343。

入德国联邦银行的存款不仅留在了德国,而且填满了德国制造商的口袋。支付给巴勒斯坦移民的钱,源自巴勒斯坦购买德国商品的人(从1934年开始,“哈瓦拉”也向非巴勒斯坦购买者推销德国商品,以加速资本流向移民者)。实质上,它是一个信托,而不是一个瓦格夫,因为信托公司充当的是管理人而不是永久存款人。最接近它的、为人们所熟悉的信托模式可能是养老基金:一种针对特定的、预先设定的受益人的、标准化信托基金,其中雇员和雇主对基金的捐款在X时间(在就业期间内)支付,在Y时间(退休时)支付。

哈瓦拉转移利用了养老金例子中的这个模式——其利用德国(移 98
民存款的地方)和巴勒斯坦(款项被支付的地方)之间的物理距离代替了时间上的距离——以及那个艰难时期的纳粹镇压、德国外汇管制和委任政府对移民的控制。

转移也有一个有趣的法律冲突维度。虽然20世纪30年代德国法律确实认识到(know)在Treuhand[21](日耳曼法上的信托——译者注)中有一种信托形式,但人们认为把帕特鲁(PALTREU)设立为合伙企业更为合适。事实上,委任统治下的巴勒斯坦的正式法中并没有写到信托——在1931年巴勒斯坦最高法院的一项裁决(Eliash诉土地局局长)中,认为私益信托不属于巴勒斯坦法律的一部分[22]——迫使信托和转移办公室哈瓦拉根据《巴勒斯坦公司条例》作为公司而被注册。[23] 这样就形成了两个非信托机构,但其实际上是一个非常有效的信托。

---

〔21〕 关于Treuhand,可参见H. Kötz, *Trusts in Germany*, in M. Cantin Cumyn, ed., La fiducie face au trust dans les rapports d'affaires, Brussels, Bruylant, 1998, p. 175。

〔22〕 H. C. 77/31 Eliash v. The Director of Land 1 PLR 735.

〔23〕 Companies Ordinance, no. 98 of 1929, Palestine Gazette[1929], p. 378.

Ⅳ 一个殖民地的故事

A. 普通法系的私益信托是否存在于委任统治下的巴勒斯坦呢?

1931 年巴勒斯坦最高法院的上述裁决,使我们想到了我们的第三
99 个巴勒斯坦信托故事,这与英国控制下的巴勒斯坦行政官员和私益信托的斗争有关。英国委任政权从 1922 年到 1948 年对巴勒斯坦进行委任统治,尽管 1917 ~ 1818 年英国人就从奥斯曼帝国手中夺取了巴勒斯坦的控制权。短短的 30 年时间,英国几代行政人员经营着巴勒斯坦。这些世代中最早的一代,在 20 世纪 20 年代掌权,包括几位热情支持犹太复国主义的英国犹太人。他们蜂拥到了巴勒斯坦,以求在鲍尔福宣言中实现自己的目标,该宣言承诺英国皇家政权将尽最大努力促成……在巴勒斯坦建立一个犹太人民的民族家园,[24] 其中一位关键人物是巴勒斯坦委任政府的第一位司法部部长诺曼·本特威奇(Norman Bentwich)。本特威奇经常被认为是 20 世纪 20 年代委任政府颁布的一系列法令的主要起草者;其中,许多条例从根本上改革了巴勒斯坦的商法(commercial law)。[25] 委任政府的任何法令都没有将私益信托作为其主要主题,但其中一些法令顺便提到了信托和受托人,明确假定私益信托是巴勒斯坦法律的一部分。

---

〔24〕 该宣言在 1917 年 11 月 2 日由英国外交大臣詹姆斯·巴尔福(James Balfour)给沃尔特(第二位男爵罗斯柴尔德)的一封信中。

〔25〕 关于 Bentwich,请参见他的自传:*My 77 Years:An Account of My Life and Times*, 1883 – 1960, London, Routledge & K. Paul, 1962;进一步的内容,见 B. A. Likhovski, *In Our Image:Colonial Discourse and the Anglicization of the Law in Mandatory Palestine* (1995) 29 Israel Law Review 291, 313 – 14;Likhovski, *Law and Identity in Mandate Palestine*, Chapel, University of North Carolina Press, 2006, p. 57 – 9。

《合伙人条例》、[26]《公司条例》[27]以及后来的委任政府的条例， 100
如那些涉及破产、刑法和所得税的法令，也是如此。[28]

《私益信托条例》的出台，反映了英国对任何领域的法律改革都采取的谨慎态度，但在英国，商业信托法那时并未被视为商业上的主题，而是作为家庭法与私法之间的边界地带。英国确实通过授权巴勒斯坦非穆斯林社区的宗教法庭来监督社区成员根据每个社区的宗教法律来创建和管理此类信托，从而改变了巴勒斯坦**慈善**信托法。穆斯林社区的宗教法庭和所有其他 12 个受法律承认的宗教团体，包括犹太教徒、德鲁兹教徒、巴哈伊教徒和 9 种基督教徒（但不包括任何新教徒或宗教改革后的其他教会），今天仍然享有这种权力，因为授予它的委任政府的立法在以色列仍然有效。[29] 英国还颁布了《慈善信托条
例》，这在赋予了各社区宗教法庭对慈善信托的管辖权的同时，也为慈 101
善信托的设置创造了平行的民间轨道。[30] 该法令的一个目的是在奥斯曼帝国时代，在没有任何其他选择的情况下，将非穆斯林所设立的

---

〔26〕 Partnerships Ordinance, no. 19 of 1930, Palestine Gazette [1930], p. 646, s. 20.

〔27〕 Companies Ordinance (23) ss. 29(2), 78(1) and (3), 79(1) and (3), 98(1)(b), 124(1), 128, 180 and subsections (o) and (w) of Schedule Ⅱ.

〔28〕 Income Tax Ordinance 1941, ss. 24–5.

〔29〕 King's Order in Council on Palestine, 1922, articles 52 (Muslim Courts) 53 (3) (Rabbinical Courts), 54 (3) (Ecclesiastical Courts). 法律承认的宗教团体是穆斯林、德鲁兹和该法令第二个表上列出的 11 个宗教团体。穆斯林未被列入（not listed）是截至 1922 年其不容置疑的人数众多的地位的影响，以及管辖范围广泛的穆斯林（伊斯兰教）法庭自前坦志麦特预奥斯曼帝国（pre-tanzimat Ottoman）时代以来的国家法庭的地位的遗留影响。承认是从奥斯曼视角而延伸到少数族裔社区的福音，这对穆斯林中的多数都是不必要的（unnecessary for the Muslim majority）。德鲁兹只被以色列立法者在 1962 年的一项特别法令（而不是通过修改枢密院令）“认定为”（recognized）宗教社区。关于犹太法院（Rabbinical courts）在犹太信托（Rabbinical trusts，又名 hekdeshim）方面的权力的近期讨论，参见 Rabbinical Appeal 900031565–44–1 Mosayof Shlomo Trust v. Bucharites'Trusts, delivered 14 January 2009, paras. 14–17。最近以色列伊斯兰法院关于瓦格夫的判决，见 www.justice.gov.il/MOJHeb/BatiDinHashreim/PiskeiDin2/Waqf。

〔30〕 管制慈善信托基金的法令，除了宗教法律外，还有 1924 年《巴勒斯坦公告》第 26 号，in Norman Bentwich (comp.), Legislation of Palestine, 1925 (1926), vol. 1, Cap. 14, p. 120。

瓦格夫转变为民间慈善信托（civil charitable trust）。[31]

随着巴勒斯坦执业人员（practitioner）的数量在委任统治期间开始增加，他们开始利用普通法系的私益信托。这些从业者中的大多数人将他们掌握的职业命运与他们的英国法律知识联系起来，并在委任政府的法院执业。委任政府的法院越来越多地将英国法律的一部分、委任政府委员会的条例和命令以及接近完成历史使命的、法国化的奥斯曼法律作为巴勒斯坦法律的渊源。

102 1922 年由委任政府理事会通过的《国王命令》之第 46 条为委任政府的法院适用英国法律原则和规则提供了配套性规定。该条规定，根据已有的奥斯曼法律、委任政府理事会的命令以及特别为巴勒斯坦委任政府制定的条例和规定，“只要同等规定不予扩展或适用”，委任政府的民事法院应适用英国普通法以及英国衡平法，如果……巴勒斯坦及其居民的情况……允许，并且当地的必要条件适合的话。[32] 这种开放式的规定明确允许将英国信托法引入巴勒斯坦，并规定了拒绝不适合当地情况的路径。

自早期的委任统治以来，上述《国王命令》之第 46 条的两面性特征一直是巴勒斯坦/以色列信托法的特征，而且可以说，这仍然是它的特征。在以色列，普通法系私益信托的发展一直是沿着两条平行的轨道进行的。从 20 世纪 20 年代开始，执业人员已经掌握了信托的效用：从在子孙后代中分配家族财富，到绕开纳税中的不便利之处。另一方面，许多**立法者**和**法官**对普通法系的信托作为巴勒斯坦委任政府的法律的一部分以及后来的以色列法律的一部分，表示出极少的热情。正当巴勒斯坦的律师们开始发现普通法系的信托的力量时，20 世纪 20 年代富有事业心的委任政府的管理者们，特别是本特威奇，被一个新的、明显更不可靠的管理者所取代。

---

〔31〕 R. H. Eisenman, *Islamic Law in Palestine and Israel: A History of the Survival of Tanzimat and Shari'a*, Leiden, Brill, 1978, p. 95；前注 22 中 Eliash v. The Director of Land。

〔32〕 参见前注 29 中提到的 King's Order in Council on Palestine, 1922, article 46。

在伊利亚什(Eliash),巴勒斯坦高等法院首席法官麦克唐纳(McDonnell)在哈亚特法官的教唆下,认为巴勒斯坦私益信托法被委任政府从奥斯曼前任手中继承的瓦格夫制度所耗尽。[33] 虽然承认在20世纪20年代的本特威奇颁布的法令中偶尔会提到普通法系私益信托,但是麦克唐纳是一个反犹太复国主义者,一个对本特威奇怀有敌意的人;他认为:人们不能“严肃地认为——在我们知道我们正在处理的立法的性质之情况下——立法机构是一厢情愿地(by a mere side-wind)想把一种新的法律原则,如私益信托原则,引入巴勒斯坦的”。[34] 103

麦克唐纳进一步指出,根据奥斯曼分类法(zoning law,该法于1970年前在巴勒斯坦/以色列生效),请求人的寻求登记为信托土地的土地应该被归类为米利(miri,是国有土地出租给私人持有者的形式)。根据1858年《奥斯曼土地法》和1923年《委任政府继承条例》,[35]米利的土地承租人既不能将土地遗赠,也不能将其作为瓦格夫的财产予以处置。[36] 虽然麦克唐纳的论点从技术层面来说是正确的,但他忽略了这样一个事实,即由于巴勒斯坦很少有土地不是国有的,到奥斯曼时代末,将国有土地予以委托的做法已经相当流行:这种土地被称为麦乌克夫(mevkufe),以区别于委托在真正的瓦格夫中的土地。[37]

瓦格夫法掏空(exhausted)了巴勒斯坦信托法——就高等法院而言,确实是这样的。卡亚特法官补充了一个令人困惑的论点,即由于受托人“仅是受某些义务约束的被提名人,而对于这虚构的转让之撤 104

〔33〕 参见前注22中Eliash v. The Director of Land。

〔34〕 同前注。关于麦克唐纳(他在巴勒斯坦问题上拥护阿拉伯立场)的情况,见前注25中Likhovski, In Our Image, 320-2。

〔35〕 1923年《继承条例》,第19节。

〔36〕 参见前注5。

〔37〕 E. Malchi, *The History of Law in Eretz-Yisrael*, 2nd, Tel Aviv, Dinim, 1953, p. 52-3.

销权是留给对受托人没有利益的转让人的”,因而在此种情况下将土地转让给受托人持有,意味着根本就没有转移,也是不能注册的。[38]

除了最后一个论点之外——这个论点有争议地将普通法系的信托与委托混淆——这些论点在技术上都有充分的理由。就法院而言,这一判决是对巴勒斯坦境内存在的普通法系信托的致命打击。委任政府的法院后来的裁决援引了这一判决,并援引了它的判决理由。[39]

V 一个经典的关于“接受”(reception)的故事

A. 20 世纪 40 年代巴勒斯坦犹太律师协会就接受普通法系的信托的问题展开了辩论

现在,我们转换到了最后的巴勒斯坦信托的故事,其重点是在独立的以色列国接受普通法系信托的情况。20 世纪 30 年代欧洲犹太人的终极危机迫使在大陆法系受过教育的犹太法学家,包括学者,有的带着财产,有的身无分文,移民到当时仍受委任统治的巴勒斯坦政府所管辖的地区。1948 年以色列国建立时,几位受过意大利和德国教育的法学家设法使他们自己担任了关键的立法、学术和司法职位。

105 正是这一事实使很多以色列私法的平民性得以体现。

从 1948 年之前的几年开始,到 1948 年之后的几年结束,信托一直是巴勒斯坦犹太律师协会期刊《哈普拉克利特》(HaPraklit)上激烈争论的焦点。1938 年墨索里尼颁布反犹太法后,基多·特德斯奇(Guido Tedeschi)教授从锡耶纳大学(Siena University)被解聘,随后从意大利来到巴勒斯坦。特德斯奇主张,尽管当地法律体系只包含有

---

〔38〕 参见前注 22 中 Eliash v. The Director of Land。

〔39〕 C. A16 – 24 / 45 Ben-Ya'acov v. Forer (1945) ALR 628; C (Tel Aviv) 125/43 (1945) Malatzky v. Bavly, PMN 265.

限的普通法系之元素,但应承认私益信托是巴勒斯坦法律的一部分。特德斯奇提到了大陆法系采纳信托制度的早期例子——魁北克省、南非和日本——而这些都是犹太政体仿效的例子。[40]

特德斯奇的这篇简短文章引起了一些人的反击。其中一个是德国出生的顶级犹太律师阿尔弗莱德·维特科沃斯基(Alfred Witkowski),他在德国和英国接受了法律教育,并于1954年以阿尔弗莱德·维特肯(Alfred Witkon)的名字被任命为以色列最高法院无可争议的税务专家,他在那个职位一直工作到1980年。[41] 维特科沃斯基指出,信托法在类似于中世纪晚期英国信托法发展的条件下,是如何在巴勒斯坦发展的。由于巴勒斯坦农业和城市地区的大部分土地都是国有的,其所有者充其量只能是承租人,因此不能将其遗赠或将其作为瓦格夫制度下之财产。

这非常像1540年《遗嘱法》之前的英格兰:不可能立土地遗嘱的 106
事实,为普通法系信托在实践中被采纳和普及提供了肥沃的土壤。众所周知,英国在中世纪采用信托的另一个原因,是伴随着遗嘱继承而来的封建负担,即中世纪的税收。[42] 可以理解,维特科沃斯基在处理中世纪末期和巴勒斯坦委任统治时期之间的平行关系时是含糊其词的;他指出:"虽然现在不给巴勒斯坦的房地产所有者施加封建负担——但是当然在现代条件下也有可能——偶尔也需要有受益人以外的普通法上的所有者(legal owner)。"[43]维特科沃斯基得出的技术性结论是,与最高法院在《以利亚书》中的裁决相反的是,上述《国王命令》之第46条允许将普通法系的信托引入巴勒斯坦法律:由于几乎

〔40〕 G. Tedeschi, *Contemporary Trust Business*(1943)1 Ha Praklit 78.

〔41〕 有关传记信息,请参见 M. Landau, *In Memory of Alfred Witkon*, in A. Barak et al., eds., Justice and the Judiciary, Tel Aviv, Schocken, 1988(a collection of Witkon's articles), p. 11; H. Cohn, *On Alfred Witkon*, in ibid., p. 15。

〔42〕 参见 a list of the chief custodial purposes of [medieval] uses, in J. Getzler, *Duty of Care*, 收录于 P. Birks and A. Pretto, eds., *Breach of Trust*, Oxford, Hart Publishing, 2002, p. 43。处理土地的权力,包括遗嘱处置,以及逃避官方的财政索求是最后两项。

〔43〕 A. Witkowski, *Private Trusts in Palestine*(1947–8)3 HaPraklit 99, 102.

所有的土地都是国有的,其无法以瓦格夫的形式进行申报,显然需要作为替代形式的信托之出现,但奥斯曼当时的法律并不满足这一要求。

特德斯希(Tedeschi)也加入了这次攻击。他在关于该主题的第二篇文章中指出,由于《慈善信托条例》(Charitable Trusts Ordinance)以及其他涉及信托的条例的颁布,普通法系的信托不能被视为与巴勒斯
107 坦法律中任何现存的原则相抵触;因此,其没有触犯《国王命令》之第46 条的限制性条款。他进一步指出,不应该通过《国王命令》之第 46 条将普通法系的信托纳入巴勒斯坦法律,而应将其视为契约自由的一个结果,而契约自由是自奥斯曼时代末期以来巴勒斯坦法律的一项基本原则:19 世纪后期,苏丹阿卜杜勒·哈米德二世的奥斯曼帝国政权由于害怕与不承认契约自由的伊斯兰教法在实质性立法中发生明显冲突,在民事诉讼法修正案中引入了契约自由原则。[44] 虽然《国王命令》之第 46 条通常被理解为允许引入英国判例法,同时阻止引入英国成文法,但缔约各方可以同意在它们之间可以互通,不仅可以包括采纳英国信托法的案例部分,而且还可以包括它的法定部分。[45]

出生于意大利的特德斯希,曾在罗马学习法律;出生于德国的维特科沃斯基,则从弗莱堡大学(Freiburg University)获得博士学位。他们二位都主张将普通法系的信托纳入巴勒斯坦法律;这把公开反对这种接受的机会留给了特拉维夫法律和经济学院的帕尔蒂尔·迪克斯坦教授——他比前面两位年龄都大,他还深受俄罗斯犹太复国主义的
108 影响。[46] 迪克斯坦教授支持首席法官麦克唐纳的观点,认为起草不当的立法并不能证明某外国法律规范已被纳入当地法律。应当通过直接修正而不是通过移植法律的规避手段来摆脱诸如巴勒斯坦的大

---

〔44〕 关于这一修正案,请参见前注 37 中的 Malchi,*The History of Law*,p. 62 – 3。

〔45〕 G. Tedeschi,*On English-Style Private Trusts in Eretz-Yisrael*(1947 – 8)3 *HaPraklit* 306.

〔46〕 关于迪克斯坦教授的情况,参见前注 25 中的 Likhovski,*Law and Identity in Mandate Palestine*,p. 127。

部分土地不能被遗赠这样的困境。[47] 迪克斯坦之所以持否定态度，是因为他在意识形态上支持按照古代犹太法律对巴勒斯坦迅速增加的犹太人口的法律进行根本性修改，这些法律在20世纪已适当地现代化了。用这样的世界观来看，是没有移植英国信托的余地的；并且，迪克斯坦强调了信托在英格兰文化和历史中的深层根源。20世纪40年代，当非英语国家的司法机构采纳的英美信托还不如今天先进时，形容这种信托在某种程度上具有英国民族性格和历史的做法，似乎比现在看起来更受人欢迎。

B. 独立的以色列的私人明示信托

随着委任统治在1948年5月接近尾声，普通法系的私益信托进入了法律实践，但并未进入到“书本上的法”（law in the books）之中，即未进入政府及其法官制定的法律中。这种局势的后果，在以色列60年历史的大部分时间里仍然是显而易见的。直至1979年《信托法》颁布，以色列法律中是否存在私益的、非慈善的、明示的信托，在某种意义上是值得怀疑的，至少对于那些更注重书本而非信托和遗产实践的 109
法学家来说是如此。独立后不久，特拉维夫地区法院裁定，如果委任政府的法院认为没有理由将这一外国法律制度引入巴勒斯坦法律，那么独立的以色列法院更应该避免这样做。法院采用与迪克斯坦类似的方法，在巴勒斯坦民法中发现了一个漏洞，于是求助于《舒尔坎·阿鲁克》（Shulchan Aruch），这是一部16世纪的犹太宗教法典。[48] 虽然后来的法院强制执行了若干旨在设立信托的合同，[49] 但它们是作为

---

〔47〕 P. Dickstein，关于完成我们的法律和私人信托的方法（1948）4 HaPraklit 4。

〔48〕 Estate Case 200/47 Alkalay v. Alkalay，1 Psakim（District Courts）95（1948－9）.

〔49〕 例如，可参见C. A. 87/50 Liebman v. Lifschitz，6 P. D. 57（1952）；C. A. 158/54 De Bouton v. Bank HaMizrachi，10 P. D. 687（1956）；C. A. 323/59 Ben Artzi v. Ben Artzi，15 P. D. 742（1961）；C. A. 400/67 Howard v. Melamed，22 P. D. 100（1968）；C. A. 8109/98 Abu-Hatoum v. Abu-Hatoum，55 P. D. 267（2000）；C. A. 5533/98 Agudat Yeshivat HaSharon v. Segal，54 P. D. 538（2000）。

合同法事项被执行的。最高法院在 1992 年裁定,契约自由的概念不是 1979 年《信托法》之前以色列接受普通法系信托的充分基础,并留下这样一个问题,即是否产生这样的接受在任何其他的基础上也是悬而未决的问题。[50] 以色列法院同其委任政府时期的前辈们一样,对推定信托作出了更积极的反应,它们欣然接受这种信托成为地方法律,但对推定信托的接受(一种自由裁量性的补救办法,而不是适当的信托)的问题,则超出了本章的范围。

110 法院的犹豫不决使立法机关得以接受私益信托。但是一旦国家建立起来,私法方面的立法在几年内就被置于更紧迫的问题之后。20 世纪 50 年代,当司法部最终开始起草私法方面的立法时,它主要受到德国和意大利受过教育的移民所控制,这种倾向反映在最终于 20 世纪 60 年代和 70 年代通过的立法中。《信托法》几乎是于 1979 年颁布的私法方面的立法方案的最后一部分,它反映了将信托纳入总体上是大陆法系特征的法律制度的努力,该法将信托定义为"与资产的连接,该连接使受托人有义务为受益人的利益或其他目的,而占有或利用该等资产"。[51] 1979 年《信托法》没有定义这种连接,特别是没有将信托概念限定于受托人拥有信托财产(own the trust property)的情况。1979 年《信托法》其他章节很好地阐述了信托资产是与受托人个人资产分开的资产,对受托人的个人债务不承担责任的原则。[52] 还有人指出,受托人有义务保持这种分离,并实现信托的目的。[53] 1979 年《信托法》的这种态度不明朗的定义受托人对信托财产的利益的方法,表明其对信托的定义比《海牙信托公约》对信托的定义更为广泛。1979 年《信托法》旨在对信托做一个包罗万象的、具有妥协色彩的定义,而不是像《海牙信托公约》的第 2 条规定的那样,为将某安排确认

---

〔50〕 C. A. 414/87 *Tax Assessor for Large Businesses v. Association for the Development of Kiryat Nordau Ltd*, 46 P. D. 387(1992)390, 391.

〔51〕 Trust Act, 1979, I. L. (1979), p. 128.

〔52〕 参见前注 51, ss. 3(a)-(b)。

〔53〕 参见前注 51, ss. 3(c), 10(a)。

为信托,所涉资产需“被置于受托人的控制之下”,并且,“该信托资产 111
的所有权是在受托人的名下”。[54]

1979年《信托法》的独特性并不止于它对信托概念的开放性定义。一方面,1979年《信托法》第5条规定,任何得到关于事实信托或者推定信托通知的人都必须服从信托。另一方面,1979年《信托法》第14条规定,法院只能避免受托人相对于第三方采取的行动,而该第三方要像受托人一样是要承担责任的——无论该第三方是实施无偿行为,还是已经通知了受托人的行动违反了事实信托或推定信托,但是仅通知信托的存在并不构成对违反信托义务的通知。1979年《信托法》颁布后,几乎立即就受到以色列著名财产法学者约书亚·韦斯曼(Joshua Weisman)严厉的学术批评。韦斯曼将该法规定的信托与普通法系的信托等同起来,认为1979年《信托法》不要求受托人拥有财产是一个严重的错误。[55]

虽然以色列本国的信托制度现在经常被用于为弱势人群服务的简单信托(simple trusts)和慈善信托,但相比之下,以色列老练的税收律师们(tax bar)往往更偏爱外国信托制度。[56] 这种偏爱与其说是与
《信托法》的缺点有关,不如说是与以色列《继承法》的若干特点有关, 112
后者严重限制了以色列法律规定中的生前信托和遗嘱信托的使用。1979年《信托法》第8(b)条规定,捐赠人死亡时生效的赠与只能由遗嘱人以赠与的形式进行。[57]《继承法》第29条规定,立遗嘱人不得授权他人选择遗产继承人或选择每个受遗赠人应接受遗产的哪一部分。这一严厉的规定在一定程度上妥协了:允许授权他人从名单中选择遗

---

〔54〕 参见《海牙信托公约》第2条。

〔55〕 J. Weisman, *Problems in the Trust Act* (1980) 7 Legal Studies 282, 284 – 9;然而,也请注意以下人士对此的反对意见:S. Kerem, *Trusts*, 4th edn, Tel Aviv, Perlstein-Ginossar, 2004, p. 100 – 5。

〔56〕 与长期担任STEP Israel董事长而现在担任该公司总裁的阿龙·卡普兰(Alon Kaplan)的对话,与STEP Israel现任董事长梅厄·林泽(Meir Linzen)以及以色列其他从业者的对话。

〔57〕 参见1965年《继承法》, in I. L. (1965), p. 63。

产继承人,但不能从某一类别中选择他们。《继承法》第 33 节加强了由此产生的僵化性,它规定:“如果某遗嘱条款使遗产继承人的身份无法确定或无法理解,或者赠与的内容无法确定或无法理解……则该等遗嘱条款是无效的。”《继承法》第 28(b)条补充道:“那些其效力取决于立遗嘱人以外的人……的遗嘱条款是无效的。”

以色列税收律师们对信托的应用重点在于将离岸信托制度作为管辖之法律。在某些情况下,以色列本身可以被视为低税的离岸管辖地,因为自 1981 年以来它没有遗产税、房地产税或赠与税;[58] 以色列适用的唯一转让税是对土地权利的处置税。[59] 因此,在以色列持有
113 个人财产,是一种相对节省税收的投资,这特别是因为以色列的公司和资本利得税率最近逐渐降低了。最初的 1941 年《所得税条例》第 82-4 节和第 86 节的信托条款在 2006 年之前用尽了以色列的信托税制,表面上看来是为以色列纳税人提供了一个对设立普通法系的信托感兴趣的理由:他们只关心授予税务当局以忽视虚假信托的权力——在这些虚假信托中,对信托财产的实际权力仍由委托人予以保留。在以色列,真正的信托(委托人在信托财产上的利益已被完全、明显地割断的那些信托)是否应该免税,在 2006 年之前是有争议的,除非受托人或受益人未婚并且年龄在 20 岁以下。[60] 在以色列对国内信托制度的适用主要地受到上面提到的《继承法》的限制的同时,甚至在 1979 年《信托法》明确表明以色列法律承认私益信托之后,以色列对外国信托制度的适用直到 1998 年前仍然受到以色列严格的货币兑换的约束,这种约束在相当长的时间内甚至使拥有国外银行账户内的货币都变得困难,如果这种拥有不是非法的话。[61] 直到 20 世纪 90 年代中

---

〔58〕 参见 1981 年《房地产税法》(已废除),in I. L. (1981),p. 160。

〔59〕 参见 1963 年《土地上的资本利得税法》,in I. L. (1963),p. 156。该法第 69 条中关于对受托人给予受益人的由被信托的土地所产生的所得免税的规定,已经导致了大量的判例法之产生。

〔60〕 参见前注 28 中的《所得税条例》,第 82-4 节和第 86 节。

〔61〕 参见 1978 年《货币控制法案》,in I. L. (1978),p. 108。

期,以色列人很少使用信托的另一个原因是,在那之前,很少有以色列人拥有大量的可支配资本。然而,在过去 20 年中,以色列社会的某些阶层积累了大量的财富,加之以色列 1998 年取消了大多数的外汇限制,这些因素看起来促使以色列投资大量地投向了外国信托,[62]直到 114
税务当局试图用第 147 号修正案弥补《所得税条例》存在的漏洞——该修正案于 2006 年 1 月 1 日开始生效。[63]

这一雄心勃勃的立法尝试,是以色列对私益信托征税的第一次真诚尝试,其复杂的规定超出了本章讨论的范围。[64] 它把我们的故事分成几部分,因为它的目标包括臭名昭著的税收漏洞和为有钱的外国犹太人移民以色列并带来他们的财富创造条件:虽然该修正案的总体效果是向以前未征税的信托机构征税,但外国投资人为以色列受益人设立的信托基本上是免税的。[65] 该修正案包括"信托"和"受托人"的新定义和"保护人"(protector)的定义,这些定义仅适用于税收问题。"信托"的新定义虽然与 1979 年《信托法》(该法仍然是有效的)中的定义不同,但仍然十分宽泛:该修正案将"信托"定义为"受托人为受益人持有其资产的安排,无论该等安排是在以色列还是在以色列境外做出的,也不论所适用的法律是否将该等安排定义为信托。"[66]旨在包括普通法系的信托和用于以色列税务目的的其他安排,该定义明确地包括适用法律上所规定的信托和与该等信托相同的安排。它许可以色列居民利用外国信托制度,试图在以色列税基中覆盖通过这些制 115
度流入的资金。

在过去几年中,似乎由于 20 世纪 90 年代中期以来许多以色列人的日渐富裕以及取消了外汇管制的原因,使得以色列人越来越多地使用私益信托,现在终于使以色列的立法机关和法院完全接受普通法系

---

〔62〕 1998 年《货币管制许可》,in Regulations(1998),p. 722。

〔63〕 参见 2005 年《所得税条例修正案》(第 147 号),in I. L. (2005),p. 766。

〔64〕 有关这方面内容的英语摘要,请参见 STEP Directory and Yearbook 2009,359。

〔65〕 参见前注 28 中提到的《所得税条例》,第 75 I 节。

〔66〕 参见前注 28 中提到的《所得税条例》,第 75 C 节。

中的明示信托,并且接受普通法系中关于该等信托的制度作为以色列法律的一部分。《以色列民法典》草案旨在取代20世纪60年代和70年代的私法方面的立法——该草案第564节规定,“受托人是资产的所有者,受托人必须为某个人的利益或其他目的而使用该资产”。该草案中单独规定继承部分的内容之第10节明确地规定,禁止设立那种排除以转移财产为内容的非遗嘱义务(non-testamentary obligations)的信托,而不论该等转移财产的行为是以承诺人(promisor)死亡时生效或以其死亡为条件。看起来,已经有人对根据以色列本国的法律而设立明示私益信托给予了一些关注。尽管如此,该草案得益于以色列历史上最认真的草拟(历经20年),对信托法内容却规定得如此简洁,不像是要用该法典取代1979年《信托法》的样子;即使该草案变为了法典,对大部分相关法律,人们也只能在该法典的外部来寻求,非常像今天许多相关法律在1979年《信托法》之外寻求一样。至于法院,特拉维夫地区法院最近作出的一项引人注目的裁决,强制执行了以色列最成功的一名银行家通过信托为一位知名律师持有股份的明示信托。无数对于这一设立普通法系类型的明示私益信托的裁决的反对意见都被置若罔闻。[67]

116 最近,另一项裁决确定地认为,如果土地是以受托人的名义登记的,而登记册上没有显示他作为受托人而持有土地的任何迹象,那么受益人优先于他的个人债权人(personal creditors)。[68] 这两项裁决似乎显示了对维护和执行以色列判例法所少见的明示私益信托的信心。

---

〔67〕 H. P. (Tel-Aviv) 548/06 Arnon v. Pyotrkovsky, delivered 1 March 2009.

〔68〕 Bankruptcy Case (Jerusalem) 4044/07 Hoffmann v. The Receiver-General, Jerusalem, delivered 24 June 2009.

Ⅵ　结论

从上述对现代巴勒斯坦/以色列丰富多彩的、复杂的信托之历史的简要阐述中,我们可以学到什么?虽然接受普通法系的明示私益信托的长期趋势是毋庸置疑的,但这一趋势花了近一个世纪才形成,这主要是由于麦克唐纳 1931 年的判决将此类信托从当地法律中剔除了。这段历史也凸显出,信托作为有财产的个人在与不利的政治、社会和经济环境作斗争时的挡箭牌的身份。它被奥斯曼人用来度过动荡不安的时代,逃避税收和军役,后来又被 20 世纪 30 年代的犹太人用来逃离充满敌意的欧洲。20 世纪 50 年代和 60 年代,具有集体主义和社会主义色彩的以色列很少使用它,也没有多少资金可以投入其中。只有在 20 世纪 90 年代以色列社会开放之后,个人才再次利用信托,现在主要是为了照顾他们的家属和尽量减少其税务负担。

当今的以色列社会与其他当代社会相似,许多人都有强烈的不满 117
情绪。明示私益信托似乎被视为至少是一种保护自己的部分财产不
受一个充满敌意的、不可预测的世界旋风的影响的方法。 118

第四章　真相与妥协

——《路易斯安那州民事与信托法典》中财产的概念

迈克尔·麦考利(Michael McAuley)*

Ⅰ　引言

A. 作为大陆法系的路易斯安那州

对于路易斯安那州制度的一些开场白是恰当的。他们将有助于更好地定位路易斯安那州法律帝国中的信托。

路易斯安那州是混合法系,拥有源自大陆

* 作者要感谢洛约拉大学(Loyola University)新奥尔良法学院的约翰·拉沃特(John A. Lovett)教授提供了洛约拉的许多资源。他也感谢罗纳德(Ronald)教授。杜兰大学法学院的小思加拉斯(Ronald J. Scalise)为他提供了有用的材料和评论。他感谢路易斯安那州立大学的名誉教授罗伯特·帕斯考(Robert A. Pascal)和奥利弗·莫雷托(Olivier Moréteau)教授以及麦吉尔大学法学院的莱昂纳尔·史密斯教授提出的宝贵建议。

法系传统的私法和来自普通法系传统的公法。[1]

其民法传统的历史已经崩溃，如下所述(为便于参考而添加日期)： 119

以巴黎习惯法形式剥夺了其封建元素的法国法律，理论上是西班牙统治(1762～1803年)之前的殖民地法律(1699～1762年)，但如果是有效的话，它完全被西班牙法律所取代是在路易斯安那州成为美国的一部分时(1803年)。面对移入的英美人(Anglo-Americans)不断企图强行对他们施加的接受英美普通法的压力，他们渴望保留自己的制度，他们用当时新的法国民法典(1804年)和政府项目(Projet du Gouvernement)(1800年)作为模型，[2]准备了(1808年)西班牙现行法律的摘要。

在路易斯安那州(在该州，私法被认为是一种规则和规范的复合体)的混合法律秩序中的私法，规范了社会中人们之间的行为以及与事物的关系。遵守大陆法系传统不仅是因为它的历史，也是因为其内容。私法的基本法律概念并未涉及英格兰习惯法的历史发展。因此， 120

---

[1] 帕尔默(Palmer)提出了混合法律制度的定义或"描述性表述"，其中混合法律制度分别是公法和私法领域的普通法系和大陆法系。参见 V. V. Palmer, *Quebec and Her Sisters in the Third Legal Family*(2009)54 McGill L. J. 321,340["混合法系，至少在经典意义上的讨论中，是一个由两大法系的材料集合组成的多元法律秩序，在一个多孔的缝隙中加入(which are joined at a porous seam)：一部源自大陆法系传统的私法(但受普通法的渗透)和一部来自普通法传统的公法。不同的组成部分在实质性规则、方法论和意识形态层面上不断相互作用"]。喀斯特鲁斯(Castellucci)对帕尔默的"经典"理论发表了评论，参见 I. Castellucci, *How Mixed Must a Mixed System Be?* (2008)12.1 E. J. C. L. 1,3－5。

[2] R. A. Pascal, *The Use of Trusts in Louisiana and Its Implication for the Science of the Unification of Law*, p. 3. 该文是未发表的论文，该文作者与这篇文章的作者在1950年的罗马国际私法大会上一起提交该文。该文的"西班牙文译本"由帕尔默审阅。参见 *The French Connection and the Spanish Perception*, in V. V. Palmer, The Louisiana Civilian Experience: Critiques of Codification in a Mixed Jurisdiction, Durham, Carolina Academic Press, 2005, p. 51。帕尔默提醒我们，卡斯蒂利亚法律在1769年正式取代法国法律。从法国到西班牙的割让发生在1762年，但西班牙直到1766年才采取措施占领该省，直到1769年11月才正式引入自己的法律。见本书注释3中文章的第52页。

该州的私法可以通过它不是什么来描述。它不是英格兰的风俗。从普通法的角度来看——这个传统并没有因其对出租车(taxis)的兴趣而闻名——这种消极和草率的描述可能就足够了。

在分类学上,更有帮助的是,可以说该州的私法是可识别和有意识的大陆法,因为它被其他人认定,并且自我认同,属于混合制度家族,其私法具有大陆法系思维传统和大陆法系模式特点(civil law-minded and civil law-modelled)。路易斯安那州的私法,特别是私法在其民法典中所涉及的主题(不包括侵权责任),在很大程度上,在形式上和基础前提上,都与法典化法律的主题相联系,已经被划入法国式的编纂模式。时至今日,该等联系依然存在,路易斯安那州现代私法依然是符合大陆法系的基本特征的,而且与大陆法系风格的紧密联系可以说不亚于当今任何其他大陆法系的私法。[3]

121 事实上,在大陆法系传统中,私法没有单一的文体范式。[4] 在某些重要方面,每一个大陆法系中的法律体系都是自我参照的,并将其罗马主义法律传统的特定化身作为范例。最后,谁制作了标签?每个体系都有一个符合健康剂量的自生制度:"以自己的形象制作。"在路易斯安那州,为了路易斯安那州人,其私法是属于大陆法系的。它被称为历史问题,并因其在民法典中的形式和意识形态表达而被人们称赞。[5] 对于许多路易斯安那州人来说,"大陆法系的"(civilian)这个

---

〔3〕 帕尔默指出,路易斯安那州1808年的第一部法典否定了法国法典的实证主义:"路易斯安那州的民法在正式方面与法国法律非常相似。但仍存在显著差异。这个法典从未被视为法律或司法原则的完整陈述。"见前注2,Pascal,*The Use of Trusts*,p.3。

〔4〕 帕尔默对混合法系作出了这一重要声明。见前注1中Palmer,*Quebec and Her Sisters*,第344页。

〔5〕 帕尔默和谢恩思(Sheynes)为路易斯安那州的混合法律制度提供了一个很好的总结,参见V. V. Palmer(与M. Sheynes合作),*Louisiana*,in Palmer,ed.,Mixed Jurisdictions Worldwide:The Third Legal Family,Cambridge,Cambridge University Press,2001,p.257。关于该制度的建立,见该文第257~269页;参见Setting the Scene:Louisiana 1803 - 1812一章,Palmer,*The Louisiana Civilian Experience*,p.3。关于路易斯安那州1812年建国之前的简明法律史,见Pascal,*Excellent "Essential" History*,in R. A. Pascal,Louisiana's Mixed Legal System(1984)15 R. G. D. 341。

名称的意思是“拥有民法典”——原文就是这几个词(totidem verbis),它并不意味着“关注法学教授”。[6]

大陆法系不仅包括路易斯安那州的法律,而且它的前景并不统 122
一。在大陆法系体系中,目前存在私法问题的多种解决办法。大陆法系部分是方法,部分是实体法。它是一种不稳定的风格或品质(mentalité),这种不稳定性中体现出它的发现和发明。编纂体系中的大陆法系认为,立法是或者至少是立法者制定完整的社会合作计划的主要法律来源。立法者这样做的义务可能不明显,或者如路易斯安那州的情况一样,可能不存在。

关于财产的私法主题方面,路易斯安那州法律的当代安排无疑是对大陆法系传统的参考(更准确地说,也许是几个国家化的大陆法系传统,特别是法国的,但也包括德国的和希腊的[7]),其中信托法是一个唯一的例外。信托[机构信托(bodies trust)],作为人们有权并通过这种安排而在有关事物[资金、共同财产(universalities)、遗产]上行使
权利、履行义务的容器,是不被这种安排所考虑接受的。 123

路易斯安那州信托法的基本架构是在英美普通法系传统的基础

〔6〕 波波维奇(Popovici)在阐述他对大陆法系风格的观察时,同意 J. H. 莫里曼(J. H. Merryman)的陈述,即教师学者(teacher-scholar)是民法的真正主角。参见 A. Popovici, *Le droit civil, avant tout un style*... in N. Kasirer, ed., Le droit civil, avant tout un style?, Montreal, Les Éditions Thémis, 2003, p. 213。[“关于现在的学说,我可以在莫里曼的书中读到(En ce qui concerne la doctrine maintenant, je peux lire dans le livre de Merryman):‘教师学者是民法传统的真正主人公。民法是一种教授法(law of professors)。’在大陆法系世界中,坐在第一位置的不是法官,而是法学教授(Dans le monde juridique civiliste, le number one ce n'est pas le juge, mais le professeur de droit)”]。

〔7〕 雷恩斯登(Rheinstein)指出,大陆法系传统的共同性意识由于法律的国家化而丧失。参见 M. Rheinstein, *Some Fundamental Differences in Real Property Ideas of the “Civil Law” and the Common Law Systems* (1935－6) 3 U. Chi. L. Rev. 624, note 1(“然而,‘普通法’仍然被认为是一个单一的体系:它仍然在英语世界,尤其是美国大学中以这种方式教授,甚至是‘重述’。在欧洲,由于各国法律的国家化,共同背景的意识已经丧失……甚至没有人会想到要重述已经不再存在的大陆法系,当罗马普通法在德国被新的民法典取代时,最后的遗留物失去了实际的利益”)。

上被有选择性地、不完美地接受的,**因为该法已得到重述**。[8] 选择性接受意味着只有信托的某些特征已被纳入该州的私法。它还意味着只接受了“产权”和“所有权”的某些概念。正如将要讨论的那样,最好的想法是留下“所有权”作为信托之外的独特构造。不完全接受指的是,并没有统一公认的和固有的财产观念。例如,“产权”一词的含义证明了对信托的选择性和不完美的接受。

124 目前还不清楚所述信托法的修订者通过搅打、搅拌、搅和(pureeing)、研磨和混合信托成分的意图是什么。最后,他们制作了不完全易消化的路易斯安那信托冰沙(smoothie)。

B. 争论

本章的某些内容将吸引路易斯安那州以外的系统法学家;一些是不固定的(anchorless)、跨制度的法学家;一些是路易斯安那州的律师。每个人都被邀请参加聚会。

在整个制度和传统中,只有在受托人拥有所有权的情况下,信托才能称自己为信托(并由其他人识别)吗——而无论所有权是如何被定义的,无论是绝对的还是完整的,作为合法的财产、利益或产权的,还是作为这些财产、利益或产权的集合或聚集(a bundle or box)的?普通法系的信托是否要求受托人拥有“普通法上的所有权”(legal

---

〔8〕 这个条件很重要。它指的是信托法第二次重述(the Restatement of the Law Second, Trusts)。该重述是路易斯安那州信托法的主要结构来源。信托法有三次重述。第一次重述是在1935年通过、颁布和出版的:Restatement of the Law of Trusts(有时被称为Restatement of the Law, Trusts或通过重述本身被称为Restatement of Trusts)(St Paul, American Law Institute Publishers, 1935)。它被Restatement of the Law Second Trusts取代,第二次重述(St Paul: American Law Institute Publishers, 1959)(有时被称为Restatement of the Law Second Trusts)于1957年通过并颁布,1959年出版。第三次重述:Restatement of the Law Third, Trusts(St Paul, American Law Institute Publishers, 2003)正在进行中(有时被称为Restatement of the Law Third, Restatement of the Law Trusts)。然而,第三次重述的前两卷涵盖了信托的性质、创立和构成要素等主题,于2001年通过和颁布,并于2003年出版。这些重述在本章中被称为第一次重述、第二次重述和第三次重述。这些重述构成了美国法律研究所(American Law Institute)的学术努力。

ownership)、“普通法上的产权”或“普通法上的财产”(legal estate)?这些谜题要经过跨制度审查。

跨制度的方法不仅要发现关于任何特定法律主题的功能等同物,而且要揭示在许多制度和许多传统中强调该主题的法律思想的基本原则。跨制度思维要考虑对日常交易过程中出现的问题是否有共同的回应。跨制度思考认真研究信托,以确定其定义、结构和功能核心。信托的普遍存在性和其对某人财产的赠与性转移及该财产由另外一个人控制的做法所产生的奇怪、有些出乎意料的吸引力,使这一研究变得更加容易。

在研究路易斯安那州的信托法,特别是其与财产法的衔接之前, 125
信托理念(信托的概念)将在信托的背景下被审视为跨越时间、制度和传统的法律关系。这种外观将有助于定义信托的内容——当然,它最好由其内容定义。它将为路易斯安那州信托的新愿景和新的财产范式的创造提供背景。

路易斯安那州的律师和法官如何最好地重新考虑信托在州民法中的地位?本章鼓励法官和律师呼吁立法者对大陆法系中的财产和英美法系中的财产之信托提炼出一致和协调的概念,以使其法定表达不再发生冲突,并且可以发布更完整的法律陈述。[9] 这些概念不会在每个内部一致的地方发生冲突,并且协调过程既不会将所有权纳入普通法系关于普通法上的所有权和衡平法上所有权的概念,也不会通过将所有权归咎于不受欢迎的受托人的职业(没有历史或意识形态理由的职业)来减弱所有权。

---

[9] 参见前注 2 中 Pascal, *The Use of Trusts*。帕斯考在总结他的论文时说,这段历史最值得注意的一点是,没有路易斯安那州的律师会因为信托的本质与他的法律的其他部分相冲突而感到困扰。一旦他不得不处理一项信托,有关所有权的法律似乎不会带来任何麻烦。我想再说一遍,事情的真相是,这位路易斯安那州的律师从来没有把他的立法看成是他的法律的完整陈述,也没有把它与公正的原则相提并论。像他的英美同行一样,他把正义视为自己的目的,而那些与该等目的不一致的书本上的法律,不需要和正义本身是一致的。

126 因此,本章促进了一种和解进程,其中《民法典》中的所有权和信托法中的信托管理被分配了独立的、不同的运作范围。[10]

先考虑知识产权的情况。

知识产权(IP)有其自己的领域。它是在路易斯安那州、加拿大、法国和其他地方的一个被独立规范的财产制度。它不是路易斯安那州民法财产制度的正式部分。知识产权是无形的,这有两个原因。首先,它们是权利,所有权利都是无形的。其次,它们是无形的,无法感知。它们不是个人权利,因为它们的权利持有人对知识产品(intellectual product)行使直接权力,也就是创造性努力的目标。因此,它们是真正的权利(正如民法中理解的"物权"概念),今天我们可以比昨天更有把握地说明,物权与事物或权利有关。它们可以被拥有,所有权的特权取决于每个创意类别特有的功能,例如版权、商标、专利和工业品外观设计。所有这里所说的都是合理和实用的。

127 总而言之,尽管知识产权在很大程度上被民法典所忽视,但它可以通过其财产概念来理解。[11]

信托在《信托法典》中也有自己的领域和物理空间。在很大程度上,《信托法典》围绕着信托展开。信托根据自己的原则、规则和规范运作。从所有报告中可以看出,它运作得很好。它不时地侵蚀《民法典》中的私法制度。对于这个持续存在的问题,最好的解决方案是立法承认信托有它自己的世界。民法和信托法都应该明确这一点。只有一个[所有权、物权、权利分割(dismemberment)等],是没有充分的

〔10〕 1870年《路易斯安那州民法典》(The Louisiana Civil Code of 1870)经修订后称为《民法典》。《路易斯安那州信托法典》(The Louisiana Trust Code)在修订后的路易斯安那州法令第9条中有所提及。第9条被称为民法典附属条款(the Ancillaries)。最近的做法是将附属条款作为西方出版的民法典年度非官方版的第二卷出版。参见路易斯安那州信托法典,La R. S. 9:1721-2252,在此称为"信托法典"(Trust Code)。在信托法典之外的附属条款中有关于信托的规定。

〔11〕 关于法国、加拿大和魁北克省关于知识产权所有权的立场的评论,参见 Y. Emerich, *La propriété des créances: approche comparative*, Cowansville, Editions Yvon Blais, 2006, p. 128-42。

理由的。可能有两个财产结构。魁北克省已在朝这个方向努力:为自己的利益而持有财产的制度以及管理属于他人财产的制度。为什么信托要被放进罗马法体系的所有权计划?在现代,为什么不能有两个计划?

"与路易斯安那州的所有信托法一样,《信托法典》接受普通法系中的所有权二分法。"〔12〕如果该说法的意图是提出在普通法系中财产(普通法上的财产和衡平法上的财产)和大陆法系中所有权之间某种对应性(equivalence)的话,则该说法是错误的。

然而,这种说法并非不准确,因为它反映了当前的实际情况(state of play)——对存在于真实世界的董事会、厨房和墓地的信任。 128

在路易斯安那州编纂的民法的支点是非常正式的所有权概念。事实上,普通法系和大陆法系的物权制度在形式上和功能上都是不可比拟的。大陆法系中所有权的作用是确保权利人的个人享受。这不是一种管理方案。

必须提出以下问题:大陆法系是用英语(English)确定所有权,例如 *proprietas*, *dominium*,或从一些死亡或垂死的语言中提取的一个词,除此之外没有其他名称吗?当普通法系的财产教条理论(theology of property)有自己的财产(财产所有权)的故事时,如果它停止讨论所有权,今天是否会就受托人的专有权利请求(proprietary claim)进行辩论?也许大陆法系中的所有权应该以某种特殊字体排版:**所有权**。

A. N. Yiannopoulos 认为,在路易斯安那州,

> 将所有权分割为普通法上的所有权和衡平法上的利益(equitable interest)的组成部分,既没有必要也没有空间。受托人拥有管理和处

〔12〕 参见 E. F. Martin, *Louisiana's Law of Trusts 25 Years after Adoption of the Trust Code*(1990)50 La. L. Rev. 501,511。马丁补充道,在路易斯安那州,"财产的所有权属于受托人,但是所有权的利益属于受益人"。同上,他将二元性描述为:"信托的本质特征是受托人与受益人之间的二元性,受托人拥有信托财产的普通法上的所有权,而受益人作为'衡平法上的'(equitable)所有者,有权从信托财产中获得所有经济利益。"

置信托财产的物权。受益人同样拥有一项物权,即受制于信托的所有权,即没有管理和处置权的所有权。[13]

129 这是一种符合民法原则的方法。因此,《信托法典》中的"产权"是管理和处置的权力,而不是所有权。

但"产权"必须是一项物权吗? 民法典中的物权以自我享受为导向,而非受托管理。受托人是否需要拥有一项物权才能行使通常附属于物权的特权? 拥有、管理、控制、处置等的特权可以在不参照物权原则的情况下行使。将受托人描述为真正的权利持有人的做法,是在主观享受之外的基础上分割或肢解所有者的权利。有人说,授予受托人和受益人的物权,实际上是将普通法上的和衡平法的所有权分开,并声称这实际上是一种不同的东西,这并不是一种解决办法。[14] 为了让受托人能够开展业务,似乎没有必要对所有权进行分解。

130 受托人拥有信托工具和《信托法典》赋予他的权力。那应该就够了。

《信托法典》可以接受什么样的所有权二元性? 什么都没有。在《民法典》和《信托法典》中,可以兼容哪种二元性(不是二分法)? 这里提出了二元性,一方面是受托人的权力和义务,另一方面是受益人的权益(entitlements)。什么是权益? 权益是受法律保护的财产权利和收益。它们是立法行动的成果。它们不是个人权利。它们不是物

---

〔13〕 A. N. Yiannopoulos, *Property*(*Louisiana Civil Law Treatise*: *Volume* 2), 4th edn, St. Paul, West, 2001, p. 480. 这种理论在路易斯安那州有很好的渊源。同样的效果,参见 Yiannopoulos, *The Trust and the Civil Law*: *The Louisiana Experience*, V. V. Palmer, ed., Louisiana: Microcosm of a Mixed Jurisdiction, Durham, Carolina Academic Press, 1999, p. 229。也可参见 R. A. Pascal, *Of Trusts*, *Human Dignity*, *Legal Science*, *and Taxes* (1963) 23 La. L. Rev. 639, 658-9。

〔14〕 见 J. Chalmers, *Ownership of Trust Property in Scotland and Louisiana*, V. V. Palmer and E. C. Reid, eds., Mixed Jurisdictions Compared: Private Law in Louisiana and Scotland, Scotland, Edinburgh University Press, 2009, p. 144。Chalmers 对前注 13 中 Yiannopoulos 的论点的评论。

权。它们属于所有权范式。它们与罗马无关。

本章提出了一种财产权益的双重方案。所有权是方案的一部分。管理(就是某人要的名义),是另一部分。

本章第二节和第三节非常重视信托。这些部分描绘了信托的广阔空间和它的许多时间和地点。第四节批判性地讨论了重述和试图界定路易斯安那州重述信托(restated trust)的内容。第五节考虑了对州内重述信托的接受以及“产权”一词的含义。第六节主张重新关注对《民法典》中所有权的真实、传统的理解。本章在第七节中总结了为所有权和信托制定的新的财产方案。

Ⅱ　跨制度和传统的信托

当就衡平法院(the Court of Chancery)的历史渊源进行辩论时,跨制度的信托对话(意大利语 *conversazioni*)不会发生。

除了在最博学的圈子里,信托可以在没有这种知识的情况下被理 131
解——这种知识是在任何情况下,不能在任何一段持续的时间内被保留的知识。

现在可能会有以下问题:是否存在一种可以捕获信托并将其作为一个独立的对象(discrete object)传递给我们的元话语(meta-discourse),并作为一个可以被人了解并且完全了解的东西?[15]理解信托是一种理论上的推演,是一种知识问题,是一种投机冒险,还是仅

---

〔15〕 古德森(Gunderson)问的这个问题与古代修辞学有关。参见 E. Gunderson, *Introduction*, in Gunderson, ed., The Cambridge Companion to Ancient Rhetoric, Cambridge University Press, 2009, p. 2。(“我的第一个难题是:我们在哪里找到一个元话语,能够捕捉到古老的修辞,并把它作为一个离散的对象、一个需要了解的东西、一个完全需要了解的东西来呈现给我们?”)

仅是对特定规则的记忆?[16]这些宽泛的问题可以被分解成一系列简单的问题。

最重要的问题是“什么是信托”。这个问题引发了其他问题:“某个特定的制度有它吗”(“你们有吗”和“你们在说什么样的信托”);“它有什么部分”(“你们有它的全部或部分吗”);“这部分是否足以让某制度令人信服地断言它有信托法则”(“你们真的认为你们拥有它吗”);“如果是这样,那么这种信托法属于什么法律传统”(“你们说的是‘大陆法系信托’吗? 这究竟是什么”)。

由于信托具有不确定的内容并且在全球范围内被注水(diluted),因此对于“是什么”的问题并没有普遍满意的答案。

132 但是,“是什么”的问题并不能阻止第二个问题被问到,“是的,我们有”,对于“你们有信托法吗”这个问题,存在一个越来越普遍的回答。这种肯定应该更加试探性地表达出来:“是的,但我们的信托(有些)不同……”在某种程度上,每个制度里的信托在定义上与其他所有制度都是不可互相比拟的,主要是由于每个制度中私法的特殊性。例如,强制继承制度、配偶用益物权制度、社区财产制度和婚姻部分(marital portion)的制度都与路易斯安那州的信托概念相冲突。[17] 这些来自法国和西班牙的民法制度如今都不存在于魁北克省。魁北克

---

〔16〕 同前注,第2~3页[亚里士多德要求我们理论化,昆提连(Quintilian)向我们承诺知识,但如果我们立即进行思考或记住我们的经验,就会提出太多问题]。

〔17〕 有些读者可能不熟悉“婚姻部分”。作为西班牙的一项制度,婚姻部分是未亡配偶的权利,并且如果“配偶一方死亡的时候比较富裕,而活在世上的另一方却处于贫困境地的话”,则在世一方可据此权利排除(其他人对)已故配偶的继承权[用1825年《民法典》第2359条(1870年《民法典》第2382条)的英文文本来说]。参见 Compiled Edition of the Civil Codes of Louisiana (Louisiana Legal Archives: Volume 3, Part Ⅱ), Baton Rouge, 1942, p. 1308-9。与今天的规定相比较。参见2010年《路易斯安那州民法典》(Louisiana Civil Code 2010)(La. C. C.)第2432条:“当配偶与未亡配偶相比,其死亡时富有的,未亡配偶有权从已故配偶的继承中领取。”

省信托没有考虑到与它们相匹配。[18]

除了定义，比较研究的领域已经阐明："信托是如何在[我们的制度]中发展的？我们的制度是否来自相同的历史来源……如何对信托受益人进行保护……如何根据各自的历史来解释异同？"[19]最好的问题是："他们是否有适当和繁荣的信托制度？"[20]路易斯安那州的制度茁壮成长。它也可以说是一个适当的制度，因为它采用了英美法系的信托(Anglo-American trust)，但是却没有完全接受英美信托提出的重新配置财产利益**作为重述**(as restated)。 133

"你们的制度中是否有一个制度将财产转让给某人，以便为他人的利益或出于某种目的进行管理？"这个问题没有被问到。它应该被问到。[21] "转移""管理""利益""目的"这些词的中立性，无论用什么语言，肯定会带来更有益的回应，尽管"信托"这个词可能不会出现。

回答"是什么"这个问题将是复杂的(并且令人困惑)。在所有的制度和传统中，信托可以说具有不可削弱的核心价值吗？可以说没有。当然信托的核心价值，不在于它是对在某财产上赋予某人以普通法上的所有权，而使其为他人的利益而持有或利用该财产这一点有信 134

---

〔18〕 自1774年魁北克省法案颁布以来，强制继承在魁北克省并不存在。1969年，传统的嫁妆消失了，取而代之的是一种合法的用益物权。根据魁北克省的新民法典，这种用益物权现在已经绝迹了。财产共同体在1970年被取代为法律婚姻制度。关于魁北克省的强制继承、自愿自由、习惯嫁妆、夫妻共同财产及相关制度的历史，总体上可参见J. E. C. Brierley and R. A. Macdonald, *Quebec Civil Law: An Introduction to Quebec Private Law*, Toronto, Emond Montgomery, 1993。婚姻部分不是法国旧法律的规定，在1804年的法国或1866年的魁北克省法典中也找不到。

〔19〕 德·瓦尔(De Waal)和佩斯利(Paysley)在苏格兰和南非法律的背景下提出了这些问题。参见M. I. de Waal and R. R. M. Paisley, *Trusts*, R. Zinunermann, D. Visser and K. Reid, eds., Mixed Legal Systems in Comparative Perspective: Property and Obligations in Scotland and South Africa, Oxford, Oxford University Press, 2004, p. 820。

〔20〕 同上。

〔21〕 总体上可参见M. McAuley, *The Enskyment of Property*, in J.-C. Gemar and N. Kasirer, eds., Jurilinguistique: entre langues et droits-Jurilinguistics: Between Law and Language, Montreal, Les Éditions Thémis, 2005, p. 179。麦克奥雷说跨制度的论述应该是疑问句。

心,〔22〕但也许信托的核心价值在于它是对某人的信任,它通过让该人成为为另一人的利益而持有或利用的财产的名义所有者(nominal owner)这一点而实现。〔23〕 在牛津词典编纂者的想象中,普通法上的所有权被重新命名为名义所有权(nominal ownership),名义所有权被定义为"名义所有者与该财产之间的法律关系"。

A. 再一次,"是什么"的问题

在西方世俗传统的现代法律中,〔24〕作为普通法系传统中习惯法的假定概念(有时有法定的附属物),信托是一种具有弹性(如梅特兰所说)和可塑性的法律制度或制度事实。〔25〕

135 它跨越了财产和合同的法律。这是一种关系。受托人作为关系管理人,主持办公室(an office)工作。〔26〕 信托是为个人(自己或他人)或为实现目的而持有和(可能)生产性地管理财产的一种手段、机制或计划。人们有信心期望财产得到妥善管理,但它比单纯的代理、授权、委托、存款或监护更为复杂。信托也是一种法律行为(juridical act)(法律情况或"人类行为"〔27〕),它在人与人之间创设权利和义务。

该词的历史用法指向类似于遗嘱处置(testamentary disposition)

---

〔22〕 *Definition* 6 *of* "*Trust*" *in Oxford English Dictionary*, 2nd edn, Oxford, Oxford University Press, 1989.

〔23〕 *Definition* 4 *of* "*Trust*" *in Shorter Oxford English Dictionary*, 5th edn, Oxford, Oxford University Press, 2002.

〔24〕 西方在哪里? 西方是一个半球。它表示指南针上的方向,但也是一个隐喻的方向:"向西,年轻人。"

〔25〕 F. W. Maitland, *Equity*, p. 23. 引自 A. W. Scott, W. F. Fratcher and M. L. Ascher, *Scott and Ascher on Trusts*, 5th edn, New York, Aspen Publisher, 2006, vol. Ⅰ. p. 3。("正如梅特兰所说,信托是一个极具弹性和普遍性的'制度';像合同一样有弹性")"可塑性"是指通过例如行使受托人的指定权和提升权来永久改变信托形式的可能性。

〔26〕 德·瓦尔和佩斯里将受托人身份(trusteeship)作为办公室讨论的对象,并以之作为苏格兰和南非信托法律的特征。同前注 19, De Waal and Paisley, "Trusts", p. 824 – 4。

〔27〕 "行为"(Act)在这里使用的含义是由《私法词典》和《双语词典》定义的,第 2 版(Cowansville:Les Éditions Yvon Blais Inc. 和克雷波私法与比较法研究中心, 1991 年),第 10 页。

的财产清算。[28] 正是因为信托的经典或原始概念涉及在转让人的生命周期之外的一段时间内财产的清算，所以今天它的主要范例是个人 136
或私人明示信托中的一个。实际上，当人们在大街上谈论信托时，他们指的是个人信托——赠与的信托，遗嘱的替代品。

信托财产属于基金或财产。作为物或物上利益（a *res* of *res*）的容器（container），信托基金可以是可撤销或不可撤销的财产利益转移的短暂管道或“包装”，它也可能有固定期限。另外，它可能持续一段不确定的时间段，但随后可以确定。信托因为一方或多方可能打算行使其酌情决定权，可能超出其原定时间或在此之前确定。在某些制度中，信任可能会永远持续下去。在这种情况下，信托被认为是永久存在的。信托可能仅针对目前的利益，但通常设立信托（尤其是个人信托）是来确保在不同程度的意外事件中的现在和未来（或最终）的利益。

信托各方可能被称为委托人、赠与人（grantor）、设立人（creators）、信托人（trustors）、信托人（trusters，苏格兰用语）、创始人（founders，南非用语）、受托人（trustees）、保护人（protectors）、执行人（enforcers）、信托辅助人（trust auxiliaries）、[29]受益人（*cestuis que trust* 或者 beneficiaries），但他们被称为什么人可能并不表明他们做了什么和他们是谁。受托人可以持有财产但不能管理或控制。

信托有不同的名称和种类，有些重叠：个人信托、私益信托、社会 137

---

〔28〕“信托”与财产结算、捐赠、指定继承人以及创建信托的类型、文件或契约有关。因此“a trust”和“the trust”就趋同了。参见条目 03.04.13.18.05《财产的清算》（Settlement of property），引自《牛津英语历史同义词词典》（*Historical Thesaurus of the Oxford English Dictionary*，Oxford，Oxford University Press，2009）。请参见前面和后面的条目，以更好地理解“财产结算”的上下文，特别是参见条目[03.04.13.18.04（遗嘱处分）]和条目[03.04.13.19（一般法律/官方文件）]。

〔29〕“信托辅助人”是信托大家庭的新成员。参见 Principles，*Definitions and Model Rules of European Private Law*：*Draft Common Frame of Reference*，*outline edn*，Munich，Sellier，2009，Book X，1：203（4）（“信托辅助人是指根据信托条款，有权委任或罢免受托人或同意受托人辞职的人”）。

(social)信托、法定(statutory)信托、明示信托、默示信托、合同信托、推定信托和回归信托。信托可能具有慈善的、非慈善的或商业的目的。有许多不同类型的非慈善的、具有商业目的信托——例如,监护信托、养老金信托、投资信托和担保信托。信托可以根据和解、协议、声明或遗嘱来创建。它们可能由法官强制执行,也可能由立法者制定,或者它们可能仅源于特定情况的事实。书面信托文件对信托的适当构建可能没有必要。为了人们的利益,美国人经常将信托和解(trust settlements)称为信托协议,尽管没有讨价还价或交换承诺或预设。美国人也喜欢这样的信托,它们给人的印象是一个独立的、专门的信托基金,但该等信托基金只不过是资产负债表上的专门账户,没有发生转账,也没有信任问题(no confidence having been placed)。

由于它的历史来源,信托不是罗马法上的 *fideicommissum*,它也不是 Stiftung, Anstalt, bewind, Treuhand, waqf 或"大陆法系的基金会"(civil law foundation),[30]虽然所有这些制度在功能上与信托有关,并且在现代商业中都有应用。苏格兰法上的信托也不是历史上英式的信托制度,尽管它们是近亲。[31]

138 英语单词"trust"可用于描述某法律体系中不是信托(指信托关系,qua fiduciary relationship)的一种制度,例如,法语名词"trust"仅用于描述美国方言中英文单词 trust 的单一含义;也就是说,联合、垄断或卡特尔,而不是任何其他关系。它可用于指普通法系中的信托,而该

---

〔30〕"大陆法系的基金会"是英语中的一个新词,在受托人领域是一个新鲜事物,它是在离岸市场上为来自大陆法系法域的客户开发的,这些客户希望获得个人利益,但担心信托缺乏可识别的结构(structure)。大陆法系的基金会具有法人资格。参见 the Bahamas legislation:Foundations Act,2004。

〔31〕乔治·格雷顿(George Gretton)告诫,"有一种倾向认为信托一定来自英格兰。人们记得梅特兰的评论是:'信托是英国人在法学领域所做的最伟大和最独特的贡献'[参考省略]。追踪英格兰以外任何地方的信托似乎都不可能,就像表明高尔夫起源于意大利。但是,英国法律对信托的紧密关联性具有误导性……如果苏格兰法律完全独立地发展了信托,那就没有什么特别令人惊讶的了"。参见 G. Gretton, *Trusts*, in K. Reid and R. Zimmermann, eds., A History of Private Law in Scotland, Oxford, Oxford University Press, 2000, vol. Ⅰ, p. 484 - 5, original emphasis。

等信托不属于该体系的私法，却被该体系的私法视为可执行权利和义务的组成部分。当普通法传统不承认它时，它可能被一个属于不同法律传统的制度劫持，而认为它是普通法系的信托。它可能是合规信托（“伊斯兰教法下的合规信托”，the Shari’a compliant trust）。最后，普通法系的信托可以部分地、仅为某些目的而被接受，但被称为信托，就好像接受了普通法系的恩惠（bounty）一样。

不是每个人都喜欢信托，特别是个人信托。在路易斯安那州，信托有其批评者。[32]

最后，或许这说明了一切：整体上而言，信托是一种被调和的经验；也就是说，是我们的个人历史经验的结果，无论我们是作为立法 139
者、律师、法官还是公民。

Ⅲ　定义信托

本章抛弃对除个人信托或私益信托之外的任何信托的考虑（专注于信托）；也就是说，信托是为了私人（尽管不一定是自然人）的利益而自愿创造并且通常是书面形式。它的焦点在于这种信托关系到财产利益和专有义务。

为什么定义信任？由于路易斯安那州对英美信托法重述的接受，特别是对其产权的概念的接受而言，一些明确的信托含义是至关重要的。路易斯安那州信托不敢冒险远离普通法系，更确切地说，是不敢理解普通法系。在任何关于“财产所有权”或“产权”的信托财产的讨论中，必须审查信托在普通法系中的概念，超出并独立于路易斯安那州立法而引用的英美法律的明确来源。总而言之，普通法系总体上对

---

〔32〕 总体上可参见前注 13 中 Pascal, *Of Trusts*, *Human Dignity*, *Legal Science*, *and Taxes*。

信托的思考方式,将把路易斯安那州信托法的英美具体渊源置于具体语境之中。因此,如果人们想合理地讨论,就必须从总体上定义信托。

什么是定义?冒牌的西塞罗(Pseudo-Cicero)提供了以下关于定义的注释作为比喻:

> 简洁明了的定义抓住了事物的特征……定义被认为是有用的:它清楚而简洁地阐述了事物的全部意义和特征,用更多的词语表达它似乎是多余的,并且以较少的方式表达它被认为是不可能的。[33]

140 信托可以这样定义吗?

在普通法系具有说服力的权威中,人们对信托的定义一直存在一定的兴趣。

在《信托的性质》一章的标题下,沃特斯(D. W. M. Waters)认为要在这方面定义信托是不容易的。

> 大多数定义……都受到这样一个事实的影响:它们实际上是一种尝试,要么是寻找信托的本质,这往往意味着强调一种信托,或者试图在一个句子中包含一个已经实用化的制度的所有方面。[34]

沃特斯提出了两个定义,他说其中一个是普通法系律师通常认为是"最好的"之一。该定义指出,信托是一种关系,在这种关系中,受托人"被强制以衡平的方式(in equity)持有财产,无论是不动产还是动

---

〔33〕 Pseudo-Cicero, *Rhetorica ad Herennium*, trans. by H. Caplan, Cambridge, MA, Loeb Classical Library, 1954, p. 317.(Ⅳ. 25)网址 http://penelope. uchicago. edu/Thayer/E/Roman/Texts/Rhetorica_ad_Herennium /4B. html。"简明扼要"是副词 breviter et 绝对的翻译。在另一个语景下,人们可能会谈论"明确所有权"吗?

〔34〕 D. W. M. Waters, M. R. Gillen and L. D. Smith, *Waters' Law of Trusts in Canada*, 5th edn, Toronto, Carswell, 2005, p. 3.

产,还是通过普通法或衡平法的产权来获得利益……”[35]这个定义对跨制度和传统没有帮助,因为它涉及普通法上和衡平法上的所有权。141
它以特定的财产制度为基础。沃特斯选择的另一个定义吸引了大量西方法律传统的拥趸。该定义见于 *Law Relating to Trusts and Trustees* 一书:

信托是一项衡平的义务,约束一个人(被称为受托人)为了另外一个人(被称为受益人,或在旧时称为信托受益人),而处理他所拥有的财产(被称为信托财产,与其私人财产不同),他本人可以是其中一人,其中任何一人都可以履行该义务。[36]

该定义可以简化为它的要点:“信托是一种约束个人处理财产的义务,他或她可以为任何一方的利益而控制该财产,该‘任何一方’可以要求受托人履行上述义务。”

在“什么是信托?”标题下描述了信托的基本特征之后,海顿(D. J. Hayton)开始了一个名为“信托的定义”的新章节。[37] 他说,“所以我们所能做的,就是提供对信托的描述……这使人们在一般情况下知道谈论信托是什么意思”。[38]

---

〔35〕 同前注,第3页之注3。这里 Waters 指的是 G. W. Keeton and L. A. Sheridan, *The Law of Trusts*, 10th, London, Barry Rose Law Publishers, 1993 中的一个定义。

〔36〕 参见前注34中 Waters, *Waters' Law of Trusts in Canada*, p. 4。Waters 引用 D. J. Hayton, Underhill and D. J. Hayton, Law Relating to Trusts and Trustees, 16*th edn*, *London*, *Butterworths LexisNexis*, 2003, *p.* 3。现在看 *D. Hayton*, *P. Matthews and C. Mitchell*, Underhill and Hayton: Law Relating to Trusts and Trustees, 18*th edn*, *London*, *LexisNexis*, 2010, *p.* 2,其中的定义略有变化。

〔37〕 D. J. Hayton, *The Law of Trusts*, 4th edn, London, Sweet & Maxwell, 2003, p. 6 – 15.

〔38〕 同前注,第6页。

142 然后,他在《海牙信托公约》[39]第2条中对“信托”一词作出陈述和评论。在该条中,“信托”一词是指“在委托人为受益人的利益或特定目的而将资产置于受托人控制之下时所产生的法律关系”。根据《海牙信托公约》的同一条款,信托的特征是:信托基金是一个单独的基金,而不是受托人财产的一部分;“产权以受托人的名义代表……”;根据信托和法律的规定,“受托人有权力和责任,在他负责的范围内管理、使用或处置资产……”

罗伯特·皮尔斯(Robert Pearce)和约翰·史蒂文斯(John Stevens)指出,《海牙信托公约》第2条是一个定义。[40]

143 在“信托的基本特征”和“信托的混合性质”这一小标题下,他们说,“很难对信托的本质进行分类”,然后说信托“最好被看作是一种独特的‘专有义务’(proprietary obligation)”。[41]

格伦特·托马斯(Geraint Thomas)和阿拉斯代·哈德逊(Alastair Hudson)通过谈论信托的本质来定义信托。在他们看来,当代信托的本质使得只有普通法系的律师才能在其中发挥作用:

> 信托的实质是对财产的普通法上的所有者(受托人)施加了衡平义务(equitable obligation),要求该人在处理该财产时以良心行事,并且以有利于任何拥有该财产的人(受益人)的方式为之,而该受益人在

---

〔39〕 参见《海牙信托公约》第2条。应该指出的是,1987年《承认信托法》(Recognition of Trusts Act 1987)将该公约的条款纳入了英国法律,并通过1987年《承认信托法之1989年(海外领土)令》扩展到各个预先指定的海外领土。其中一个预先指定的领土是百慕大。百慕大决定进一步就该公约第2条予以立法,其中包括1989年《信托(特别规定)法》(百慕大,1989:62)。另一个预先指定的领土是英属南极领土。英属南极领土会有什么信任法?

〔40〕 R. Pearce and J. Stevens, *The Law of Trusts and Equitable Obligations*, Oxford, Oxford University Press, 2006, p. 71 – 2. 皮尔斯和史蒂文斯注意到信托的三个所有“基本特征”:(1)信托只能存在于特定财产;(2)信托财产的所有权在受托人的名下;(3)必须有受托人应对其履行义务的受益人。在海牙信托公约中可以找到上述基本特征。

〔41〕 同前注,第71页。

该财产中具有由衡平法认可的受益权。[42]

奥斯丁·威克曼·斯科特(Austin Wakeman Scott)认为:“因此,将信托定义为具有定义中所述某些特征的关系,或者可能定义为涉及这种关系的法律手段或法律制度,似乎是适当的。”[43]斯科特所指的定义是,在重述中首先明确信托的定义。信托被定义为“信托关系”。斯科特评论如下:

144

> 在该定义或描述中,应注意以下特征:(1)信托是一种关系;(2)它是信托具有信义特征(a fiduciary character)的关系;(3)它是与财产有关的关系,而不是仅仅涉及个人职责的关系;(4)涉及对财产所有权的持有人施加衡平义务,以便为另一人的利益处理该财产;(5)它是由于表达了建立关系的意图而产生的。[44]

斯科特评论道,在我们的法律中,“至少……定义是由规则产生的,而不是定义中产生规则”。[45] 因此,正如斯科特所说的那样,定义的艺术没有跨制度的共同衡量标准。

这种关系(委托人—受托人—受益人)不是三角形的。它是三位一体的,因为这种关系的各方可能承担不止一个角色。但是,如果有三个不同的人,则信托的定义集中在受托人和受托人持有财产或受托人对财产的所有权上。在像路易斯安那州这样的成文化的大陆法系中,私法的重点,包括文本和意识形态,都在受益人身上;路易斯安那州的财产法是个人的享用,而不是对个人的管理。因此,法典外的信

---

〔42〕 G. Thomas and A. Hudson, *The Law of Trusts*, 2nd, Oxford, Oxford University Press, 2010, p. 71.

〔43〕 A. W. Scott, *The Law of Trusts*, *Boston*, Little, Brown and Company, 1939, vol. 1, p. 33.

〔44〕 同前注,第 32 ~ 33 页。

〔45〕 同前注,第 32 页。但是,看斯科特最新的这一版书, Scott, Fratcher and Ascher, *Scott and Ascher on Trusts*, 5th, vol. 1, p. 36:“定义必须来自规则,而不是相反。”

托制度与财产法和继承法的法典制度之间的紧张关系,在很大程度上是由于每一种法律的结构重点不同。

145 今天,和昨天一样,《民法典》在很大程度上构成了主观权利(subjective rights)的集合体;也就是说,公民为自己的利益而享有的一系列个人法律特权。[46]

从普通法系的所有表现来看,信托被描述为权利的行使(受托人对其不拥有财产的非强制性权利)和义务(履行信托的义务),而不是作为主观权利的行使(或表达公民对自己财产的权利)。[47] 当然,英美法系对受托人的明显关注必须通过以下说法来缓和:行使权利涉及对受益人履行义务——这是信托中的实际信托(the actual trusts of the trust)——因此受益人并没有被遗忘。

作为信托法的部分法典化,《统一信托法》(the Uniform Trust
146 Code)[48]最近根据信托各方应有的立法空间,在美国普通法中作出一种均衡的设计。[49] 同样,1994 年《魁北克省民法典》的一项伟大成就

---

〔46〕 在这里使用的意义上,路易斯安那州没有坚定的主观权利概念。有关该主题的简短概述,参见 P. Malaurie and P. Morvan, *Droit civil-Introduction générale*, 2nd edn, Paris, Defrénois, 2005, p. 41 – 6。Malaurie 和 Morvan 表示,对于 Ihering 而言,最重要的是,主观权利的目的是服务于其所有者的享用/效用和利己主义(例如,所有者利用和享用他的东西)(法语 Pour Ihering, surtout, le but du droit subjectif est de servir la jouissance, l'utilité, l'intérêt égoïstes de son titulaire)。同前注,第 42 页之注 202。

〔47〕 普通法系中的信托在英格兰的制定法中的表现是以管理为中心。有影响力的 1925 年《英国受托人法》在很大程度上致力于公开受托人的权力,委任和解除受托人的机制以及授权问题。2000 年《受托人法案》继承了这一传统。这个重点是可以理解的,如果没有这些法规,受托人可能没有普通法系所必需的管理权力。此外,与《统一信托法》(Uniform Trust Code)不同,1925 年和 2000 年的法规都没有旨在将信托法法典化。

〔48〕 参见《统一信托法》(芝加哥:全国统一州法委员会,2005)。在其前言中,《统一信托法》将自己描述为"信托法的第一次国家编纂"。

〔49〕 《统一信托法》没有定义信任。从大陆法系的角度(a civil law perspective)来看,现代法典不希望定义其主题似乎是不同寻常的。造成这种情况的原因是普通法系对编纂目的的不同概念,还是有人担心定义信托会包含对其当代用途的信任?对于描述性定义,可以将第 103 节(定义)中的术语"信任工具"、"信托条款"、"委托人"、"受托人"和"受益人"与第 401 节(创建信托的方法)和第 404 条款(信托目的)的规定拼凑在一起。第 401 节中的陈述非常好:"信托及其条款必须是为了受益人的利益。"

是重新构想了信托的创造性力量,并以安德烈·卢布耶夫(Andrei Roublev)的象征"三位一体"的方式,重新平衡了各方围绕财产所发生的散漫关系。[50]

因此,在英美法系对信托的界定中,主动方是作为主体(subject)的受托人,被动方是作为客体(object)的受益人。因此,不熟悉普通法系语言的大陆法系人士,在受益人被称为客体时(否则就是具有主观权利的主体了),不应感到惊讶。

普通法系的考虑有了新的思路,分析上更多地转向权利和义务, 147
而较少转向权力拥有者的特权。本·麦克法兰(Ben McFarlane)有其后现代化的财产法。[51] 虽然无权放弃土地所有权,但他已经抛弃了许多历史。[52] 他令人钦佩地将普通法上的权利和衡平法上的权利重新定义为"财产权"(property rights,即物上的权利,rights against things)和"持久权利"(对抗物上的权利的权利,rights against rights against things)。[53] 虽然"所有权"是一种"财产权",但麦克法兰关于"信托"一章的开篇重点是"持久权利"和受托人对该权利持有人的义务。[54] 麦克法兰对信托的描述并没有明确定义,它提供了一种义务性的观点,认为信托是权利和义务的紧张关系的相互作用:

> 当A有权利且有义务使用该权利为B的利益而不是为A自己的利益时,信托就产生了——除非并且在一定程度上,A也在信托下拥有权利。[55]

---

〔50〕 在《下加拿大民法典》中,1879年由法典外部法规(extra-codal statute)引入的信托在1889年至1993年被置于第981a－981n条款中,大多数条款开始于"受托人……"受托人是所有条款的主体和主题,除了第一个(第981a条)以捐赠者和立遗嘱人为主体以外。

〔51〕 B. McFarlane, *The Structure of Property Law*, *Oxford*, Hart Publishing, 2008.

〔52〕 同前注,第26页:"正统观点根据其*历史渊源*划分权利;本书根据其性质对权利进行了分类。哪种观点更好?"

〔53〕 同前注,第22～26页。

〔54〕 同前注,第551页。

〔55〕 同前注,第555页。

并不是新颖的但却是经常令人感到新奇的是，F. H. 劳森（F. H. Lawson）和伯纳德·卢登（Bernard Rudden）指出："通过信托机构，一个或多个人（称为受托人）为了他人的利益而持有财产。"[56]在描述财产由委托人移交给受托人的过程中，劳森和卢登说，"他们是为了他人
148 的利益而持有和转让财产。它不是送给受托人的礼物，而是送给受益人的礼物，尽管它是由受托人管理的"。[57]

普通法系传统对信托有制定法上的定义，但很少。它有机会在印度这样做，而不涉及普通法和衡平法上的财产的问题。1882年《印度信托法》（Indian Trusts Act，1882）第3节将信托定义为"附属于财产所有权的一种义务，该义务产生于所有者为他人或他人和所有者的利益而设立和接受、或声明和接受的一种信任"。这一定义表明，皇家立法者（imperial lawmaker）决定将信托财产的所有权授予受托人。因此，这个定义具有制度性偏差（systemic bias），很像下面的定义：

> 在苏格兰法律中，信托的基本要素是受托人所有权（fiduciary ownership）的概念。当财产所有者有义务将其用于他人而非他自己的利益时，就会产生受托人所有权。在信托法中，信托所有者是受托人：受益人是受托人必须为其利益利用财产的人。[58]

苏格兰人对信托的定义不是所有权中立的（ownership-neutral）。事实上，每一个定义都反映了制度性偏差。例如，共同参考框架草案（DCFR）的《欧洲私法的原则、定义和示范规则》（the Principles, Definitions and Model Rules of European Private Law of the Draft

〔56〕 F. H. Lawson and B. Rudden, *The Law of Property*, 3rd edn, Oxford, Oxford University Press, 2002, p. 86.

〔57〕 同前注，第87页。

〔58〕 Scottish Law Commission, *Discussion Paper on the Nature and the Constitution of Trusts*（Discussion Paper No 133）, Edinburgh, The Stationery Office, 2006, p. 5.

Common Frame of Reference）中规定的信托的定义排除了非慈善目的信托。

在其他方面，很少有人会反对DCFR的定义：“信托是一种法律关系，在这种关系中，受托人有义务根据关系条款（信托条款）管理或处置一项或多项资产（信托基金）而使受益人受益或促进公益目的。”[59] 149

主要术语附随其后：“关系”“法律关系”“具有受托角色的关系”“义务”“专有义务”“附随于财产所有权的义务”“履行此义务”“可追责性”“信任”“责任”“权力与义务”“产权”“持有”“持有与转让”“管理、利用或处置”“处分财产”“控制”“权利”“利益”。只有两个词是跨制度的：“产权”和“所有权”。

“所有权”不是在第一重述、第二重述或第三重述的规定中找到的。正如人们所看到的，“所有权”的概念被赋予了自己的领域。“产权”是被保留的，但它是被改变了性质的，然后被重新定义了的。

Ⅳ 重述信托

在民法教授的想象中，民法典的特点是简单朴素，具有确定性、正义性、现代性、全面性以及内部连贯性；它系统而理性地提升法律传统的连续性和其稳定性；它通过普及法律知识，来教育公民并培育良好 150
的公民。[60] 这些特征的集合构成了共同行动的终极目标。重述还希望以一种正式、连贯和全面的方式使法律主题现代化。他们寻求就普通法系的内容达成全国共识。他们有意通过他们的科学方法而不是政治或立法力量来说服他人。

---

〔59〕 参见前注29中Principles, *Definitions and Model Rules of European Private Law*。信托的定义见第十册（Book X）的1:201。

〔60〕 总体上参见M. McAuley, *Proposal for a Theory and a Method of Recodification* (2003) 49 Loy. L. Rev. 261; McAuley, *The Pedagogical Code* (2003) 63 La. L. Rev. 1293; McAuley, *My Semicentennial* (2005) 51 Loy. L. Rev. 5。

重述首先是一个抽象方法的奇迹。它因这种抽象性以及它的循环性（circularity）、非弹性和一般定义方法而受到了批评。[61]

重述第一章的介绍性说明并未提及所有权。据称，信托的主题是利益的分离：普通法上的利益和衡平法上的利益。

在第二部分，信托的定义如下：

“信托……是关于财产的信义关系，使财产所有者基于衡平义务，
151 而为了另一个人的利益处置财产，这表明是信托有意创造而产生的结果。”

根据本节的评论，我们得知“财产”一词表示存在于事物之上的利益，而不是事物本身（参见 Restatement of Property），[62]并且”所有者”这个术语用于“主体重述”这部分，表明所有者是为自己的利益（benefit）被授予一项或多项权益（interests）的人。[63] 本文所述的这类人是指已经获得利益并对该利益享有“产权”的人，无论他是为自己的利益还是为他人的利益。因此“产权”这一术语不同于“所有权”那样苍白无力；具体来说，这个人对某些财产享有的产权并未表明他是为自己的利益还是作为受托人而持有这种财产。[64]

我们可以进一步认为，如果此人对某物享有完整的产权，那么他就是“物的所有者”（owner of a thing），以“对物的产权”（title to a thing）这一短语表示，在某种程度上是一种利益集合，如果拥有产权的此人没有义务为了他人的利益而处理该利益，那么他就是此物的所

〔61〕 总体上参见 T. Arnold, *The Restatement of the Law of Trusts*（1931）31 Colum. L. Rev. 800。阿诺德肯定是就暂定草案或部分通过的重述提出意见的，尽管他并未表明同样多的意见。（和重述制定相关的内容在 Restatement First 的 x－xii部分）见该部分的注 4，他列出了 § 2 的文本：“信任的定义。”所提供的定义与 1935 年最终通过、颁布和公布的定义不同。重述的报告人（reporter）作出了回复。参见 A. W. Scott, *The Restatement of the Law of Trusts*（1931）Colum. L. Rev. 1266。

〔62〕 参见前注 8 中 Restatement First，§ 2，Comment c，p. 9。

〔63〕 同前注，§ 2，Comment d，p. 9。

〔64〕 同上。

有者。[65]

这告诉我们衡平义务和衡平利益其实是一种起源于衡平法院的责任和利益。[66]

《第一次重述》将受托人认定为“财产持有人”。这一点被确认为:“在信托中持有财产的人是受托人。”[67] 值得注意的是,第 2 部分并未使用“产权”一词,尽管该部分的注释称其为“产权”。《第一次重述》表述中用“产权”和“所有者”两者都与在一物(完整财产)[68]上拥有所有或几乎所有利益的人以及关于对一物有单一利益的人有关:“B 对布莱克格(Blackacre)享有地役权性质的产权,但他并没有对布莱克格拥有所有权性质的产权。”[69]“产权”在重述中是一个含混的(conveniently ambiguous)术语。比奇洛(Bigelow)教授提示斯科特(Scott)教授注意,他对“产权”一词所指的利益的确切范围和性质的细节不足表示担忧。[70] 152

最后,“产权”一词会因此变得苍白(colorless)。[71] 153

---

〔65〕 同前注 62, § 2, Comment d, p. 9 - 10。

〔66〕 同前注, § 2, Comments e and f, p. 10。

〔67〕 同前注, § 3(3), p. 15。

〔68〕 完整财产(complete property)是重述中的说法。《财产的重述(Ⅰ)》[The Restatement(First) of Property]规定:“拥有构成物品完整财产的全部权利、权力、特权和豁免权的人是‘物’的‘所有者’。”请参见《第一次重述》,见前注 8, § 10, Comment b。因此,对于所有意图和目的而言,具有完整财产并且对于该财产而言对另一个人没有义务的人将被认为是大多数大陆法系传统中的绝对所有者(an absolute owner)。

〔69〕 同前注, § 2, Illustration 2, p. 10。

〔70〕 参见教授之间的通信:H. Bigelow and A. W. Scott(1929)(可在 www. heinonline. org 网页上获得)。比奇洛是本通信发生时《财产重述》的报告人(reporter),斯科特是《第一重述》的报告人。比奇洛于 1929 年 2 月 1 日写信给斯科特:什么是受托人的“产权”?我没有试图解决这个问题,但我只是想知道你是否最终不会在更具体的细节中找出答案,而只是重述中明确它是受托人在信托中拥有的利益。很可能你已经做到了这一点,无论如何,这是你的关注,而不是我的关注。我只是觉得虽然“产权”最终可能是你使用的词,但你可能首先必须准确说明该术语的内容是什么。

〔71〕 有人讨论过,“产权”可能被定义为“利益来源的手段”或“设立财产的手段”。参见 Scott 于 1929 年 2 月 26 日给 Bigelow 的信中附上的顾问备忘录。详见前注 70 中 Bigelow and Scott。

不习惯普通法中的产权捆绑方式的公民应该知道,通过权利的名义人或称转移权(a right of passage)的持有人拥有这种转移权。“所有权可能取决于某物以及该物上的利益。”[72] 因此,不仅所有权在英美法系的传统中不是“绝对的”(absolute),而且控制任何特定财产利益的人也享有这种利益。在《第一次重述》之外,某所有者是在某物上或任何特定权利、利益、权力、特权、豁免权上享有所有权利、利益、权力、特权、豁免权等权益的人。约瑟夫·森格(Joseph Singer)告诉我们:

询问“谁是所有权人”有时可能无法实现我们的目的。但是,通常询问“所有权人享有什么权利”可以更好地符合我们的用意……当我们被要求确定谁拥有一束权利中的某种特定的权利时,可能无法帮助我们知道土地的“所有者”是谁,因为一束所有权中的各种权能可能会被分置于几个人身上。[73]

154 总结一下,《第一次重述》的立场可以归结为:如果我在某物之上享有完整的所有权(complete property of a thing)——物上所有或几乎所有的利益——那么我对该物享有产权。如果我对该物享有产权并且承担信托义务,那么我就是受托人,但我会更准确地说:如果我对某物(或某个财产)上的利益享有产权,那么我是受托人。如果我享有产权,并为了我自己的利益且没有任何义务而持有该物,那么我就是该物的所有者。《第一次重述》是这样表述受托人 D 和信托受益人 E 的定位的:D 对布莱克格享有产权但并不拥有布莱克格(does not own Blackacre),E 对布莱克格享有产权和衡平法上的利益,并拥有布莱克格。[74] 对该重述更深层的定位是受托人通常对信托标的物享有普通

〔72〕 参见前注 8 中 Restatement First, §2, Comment d, p. 9。

〔73〕 参见 J. W. Singer, *Introduction to Property*, Aspen Law & Business, 2001, p. 3。

〔74〕 参见前注 8 中 Restatement First, §2, Illustration 2, p. 10。

法上的利益。该重述中对普通法上的利益和衡平法上的利益有着很长的注释。[75]

《第一次重述》是在1935年至1959年之间,"对美国一般普通法的有序声明"。[76] 这一有序声明是与《财产的(第一次)重述》先后出台的,但对所有权有着截然不同的评价。[77] 在该重述中,"所有者"一词同样适用于被指定为所有者的主体享有为自己或者他人的特定利益的人的情况。[78]

实际上,所有(owning)无非是拥有或持有财产上的一个或多个利益。 155

尽管《第一次重述》不是路易斯安那州现行信托法的直接来源,但是《信托法典》直接影响以往的立法:《信托财产法》(Trust Estates Law)。[79] 1938年的这项信托立法已被确认为基于美国法律研究院所做的《信托法重述》而起草的第一部综合性立法。[80]

该法给予信托与《第一次重述》基本相同的定义;也就是说,"信托"指的是明示私益信托,意思是与财产相关的信义关系,使财产持有人为了他人的利益而处置财产,这表明是信托有意创造而产生的

---

〔75〕 同前注,§2,Comment f,p. 10 – 13。

〔76〕 同前注,Introduction viii。

〔77〕 作为美国法律研究所活动的早期观察者,米切尔·富兰克林写道,"此外,在某种程度上,人们会假设,每个重述的各种文本之间存在某种逻辑上的相互依赖关系,以至于任何文本都没有独立于其他文本的活力"。参见 M. Franklin, *The Historic Function of the American Law Institute: Restatement as Transitional to Codification* (1934) 47 Harv. L. Rev. 1367,1368。在最大程度上,富兰克林的观点在今天是正确的,但不是在所有权的问题上。

〔78〕 参见前注8中 Restatement First, §10,Comment c。

〔79〕 Louisiana Trust Estates Act, Act 81 of 1938; La. R. S. 1950, Title 9, as amended. 该法案在第9章中被称为信托财产法(参见前注10)。在颁布1964年《信托法典》之前,该法可以在9:1791 ~ 2212的"信托财产法"(参见 R. S. 9:2211)中找到。参见 Civil Code of Louisiana and Ancillaries, ed. Ralph Slovenko, Baton Rouge, Claitor's Publishing Company, 1961, p. 339 – 63。

〔80〕 参见 J. M. Wisdom, *A Trust Code in the Civil Law, based on the Restatement and Uniform Acts: The Louisiana Trust Estates Act* (1938) 13 Tul. L. Rev. 70,71。

结果。[81]

法律通过突出重述中的“为了衡平义务而处理财产”而导致了分歧。

156 因此,这是一个合理的推断,“衡平义务”及与这个术语一起,在重述中对“衡平义务”和“衡平法上的利益”的冗长注释在某种程度上没有被州法律采纳;当然,《第一次重述》或《第二次重述》的注释中任何关于术语的应用和含义将被接受作为路易斯安那州关于这些重述的“采纳内容”(reception)的一部分。然而,美国法律研究所的某些富有思想的成分已经向该法渗透,随后又会渗透进《信托法典》。

《信托财产法》是这样定义“受托人”的:“在信托中持有(holding)财产的人。”[82]该法规定,信托是在当一个人为了他自己或第三人的利益而把其享有的财产的普通法上的产权转移给受托人时被创设的。[83] 该条规定在主流的法律文化中通常被解释为:当一个人把他的所有权的权能(right of ownership)转移给受托人后,受托人接受了该专业而取得了同样的所有权的权能;也就是说,所有权应当按照本州私法的解释,而不是《第一次重述》中对“所有权”的解释来进行解释。这似乎没有任何官方意义,除了在教义权威里,那就是受托人不能是所有权人,因为他不是为了自己的利益,而无须信任地、并且不对他人承担义务地而持有该财产。

是该法创设了普通法系模式的明示信托吗?在琼·迈纳·威斯德(John Minor Wisdom)的想象中是这样的:明示信托是简单明确的概念,如同众所周知的盎格鲁—撒克逊法。[84]

157 在他看来,《路易斯安那州信托财产法》本身就是一个全面的小法典,它紧凑、有逻辑而又精确,与《民法典》的紧凑性、逻辑性和精确性

〔81〕 参见前注 79 中的“信托财产法”,9:1792(16)。

〔82〕 同前注,9:1972(17)。

〔83〕 同前注,9:1811。

〔84〕 参见前注 80 和前注 83 中的 Wisdom, *A Trust Code in the Civil Law*。

有异曲同工之妙。[85] 他还谈道,“没有任何地域特点、托词或限制改变了受托人作为普通法上所有权的持有人这一基础”。[86] 对这个问题他没有说更多。威斯德关注的是受托人的义务、权利和职权以及信托的“概念”(idea),所有这些显然是被引入的。就这一点而言,确实可以说该法中的信托就是普通法系中的信托。

在威斯德看来,这部“小法典”具有《民法典》的逻辑,这是对路易斯安那州信托法的更新(refreshed)理解的关键所在;也就是说,《信托法典》有它自己的财产制度——也应该被这样认定。这一财产制度不应参照《民法典》中的所有权制度来界定。它是自发的,并且集中在自己的领域,这与知识产权制度是一样的。[87]

《第二次重述》是这样被介绍的:“不会有太多与第一版所说的内容相矛盾的。但内容却比第一版中的还要多。”[88]

《第二次重述》在第二部分中对信托这个术语的定义与《第一次重述》相同,但有显著的增加(被增加的强调部分):

> 信托……是对财产的信义关系,使财产的**产权**的所有者负有为了他人的利益而处理财产的衡平义务,这表明是信托有意创造而产生的结果。 158

在“产权和所有权”的注释中没有解释添加“产权”一词的原因。[89] 它与《第一次重述》的原文是完全相同的。未对使用“所有者”这一术语作出变动:“所有者”这一术语在本主题的重述中使用,是指

---

〔85〕 同前注 84。

〔86〕 同前注 83。

〔87〕 参见 R. S. 9:1724。《信托法典》被解释如下:“每当本法典无相关规定(is silent)时,应遵守《民法典》或其他法律,但不得援引民法或任何其他法律来免除本法典明示或默示的惩罚性规定。”

〔88〕 参见前注 8 中 Restatement Second, Introduction, p. vii。

〔89〕 同前注, § 2 Comment d, p. 8。

为了自己的利益而被授予一项或多项权益的人。[90] “受托人”的定义也没有改变:“持有信托财产的人是受托人。”[91] 似乎没有必要说,拥有或持有产权的人是受托人。“拥有”、“持有”和“产权”都是苍白无力的词语。

因此,从 1935 年到 2003 年,从《第一次重述》到《第三次重述》的出版,对信托持有同一观点,通过“它不是什么”,而不是“它是什么”来对其进行定义,是最好的定义方式。《第一次重述》和《第二次重述》中都认为监护不是信托。[92] 《第二次重述》与《第一次重述》的注释大致相似:

> **监护与信任的区别**。监护人与被监护人的关系,就像是受托人与受益人的关系,是一种信义关系。

159 然而,受托人对信托财产享有产权;而财产的监护人不享有产权,其只有某些权力和义务来处理该被监护人的利益,被监护人拥有产权。信托的受益人对信托的标的物享有衡平利益;被监护人通常享有普通法上的利益。[93]

另外一个注释是:

> **权力和义务**。监护人的权力和义务由法律规定;受托人的权力和义务由信托中的条款和重述中关于这个题目的规则所决定,除非法律另有规定。[94]

关于“衡平利益”这个题目,特别是其范围或内容,《第二次重述》

---

〔90〕 同前注 8。

〔91〕 同前注, § 3(3), p. 12。

〔92〕 参见前注 8 中 Restatement First, § 7, p. 27 和 Restatement Second, § 7, p. 22。

〔93〕 Restatement Second, § 7, p. 22 – 3.

〔94〕 同前注, § 7, Comment b, p. 23。

提供的说明没有帮助，因为我们所获悉的是衡平利益和普通法上的利益在不同的法院有其历史渊源，他们创设的方法也可能不同，种类可能不同，并且他们的所有者关系在某种程度上也是不同的。[95] 真相没有被阐释出来；也就是说，衡平利益和普通法上的利益是法院在诉讼过程中所创设的。

形容词"普通法的"和"衡平法的"修饰了贯穿于所有重述中的"利益"、"财产"及"产权"这些术语。这里有一个反复。比较以下三个条款和两条注释。其中有一些词是被强调的。

《第二次重述》 160

§88 受托人财产的范围"（2）……受托人对其个人财产（personal property）之利益没有期限的限制，并且该等利益与信托期限无关"。

《第三次重述》（草案第二版）[96]

§42 受托人的产权的范围："……受托人在信托财产中拥有无限期的利益，而不是信托期限内的利益。"[97]

注释 b. 规则的效力。当委托人将财产转让给受托人或声明该财产的信托时，除非转让人声明了不同的意图，否则受托人将获得该财产的**全部产权或利益**。[98]

《第三次重述》

§42 受托人产权的范围和性质："……受托人在信托财产中享有无限期的非受益利益，而不是信托期限内的利益。"

注释 b. 受托人利益的范围：规则的效力。当委托人将财产转让给作为受托人的第三人或声明该财产的信托时，除非转让人声明了不同的意图，否则受托人将获得该财产的全部产权或利益。因此，如果该所有者……在信托中将它们转移给第三人……受托人拥有普通法上

---

〔95〕 同前注 8，§2，Comment f，p. 9－10。

〔96〕 Restatement of the Law Third，Restatement of the Law Trusts（Tentative Draft：No. 2）（10 March 1999），Philadelphia，The American Law Institute，1999.

〔97〕 同前注，第 196 页。

〔98〕 同前注，第 197 页。

的产权。

161 注释c. 受托人利益的性质:单纯的(bare)、非收益性的产权(nonbeneficial title)。本节规则中对**受托人仅对信托财产拥有非收益性利益**的评论,是指受托人的信托角色(fiduciary role)所拥有的**财产权的性质**……因此,受托人,**作为**受托人时,一般只接受通常所说的信托财产中的"单纯的"普通法上的产权(但是在个别情况下,受托人会拥有非收益性的、"单纯的"衡平法上的权利,因为这是委托人享有并转让给信托的利益的性质)。

《第三次重述》不是《信托法典》的直接来源。然而,它表明了目前对英美法系中信托制度的理解——这种理解具有明显的跨系统性的底蕴。[99] 信托的定义扩展了第二次重述中所述的定义。它选择"衡平法上的义务"这样的表述,并且仅涉及"义务"。它重新组织了句子结构,定义如下:

> 信托……是一种有关财产的信义关系,产生于意图创造这种关系的意思表示(a manifestation of intention),并使对财产拥有产权的人承担为了慈善或一个或多个人的利益而处置该等财产的责任,其中至少不是唯一的受托人(the sole trustee)。

《第三次重述》与先前的重述使用基本相同的术语解释了"产权"

162 和"所有权"。[100] 受托人的定义相同。[101]

重述中(在其所在章节及注释中)"产权"的地位在表1中具体列举。[102]

---

〔99〕 参见前注8中Restatement Third, §2, Reporter's Notes, p. 24 – 35。

〔100〕 同前注, §2, Comment d, p. 20。

〔101〕 同前注, §3(3), p. 35。

〔102〕 受托人拥有衡平法上的利益,或者关系是受托而非信托(例如,监护权)的情况不在表1中。

表 1 重述中的产权(Title in the Restatements)

<table>
<tr><td colspan="3">利益</td></tr>
<tr><td colspan="3">产权</td></tr>
<tr><td colspan="2">信托</td><td>所有权</td></tr>
<tr><td>受益人</td><td>受托人</td><td>所有者</td></tr>
<tr><td>有利益</td><td>无利益</td><td>自我受益</td></tr>
<tr><td>无义务</td><td>有义务</td><td>无义务</td></tr>
<tr><td rowspan="2">衡平法上的产权</td><td>普通法上的产权</td><td rowspan="2">普通法上的产权</td></tr>
<tr><td>被动产权</td></tr>
<tr><td>衡平法上的利益</td><td>普通法上的利益</td><td>普通法上的利益</td></tr>
<tr><td>衡平法上的财产</td><td>普通法上的财产</td><td>普通法上的财产</td></tr>
<tr><td>受益的</td><td>非受益的</td><td></td></tr>
<tr><td rowspan="2">权利</td><td>义务</td><td></td></tr>
<tr><td>权力</td><td></td></tr>
</table>

V 《信托法典》中的产权

当普通法被移植到美国殖民地时,大多数殖民地的宪章(chaters)都规定,法律不应该是相互矛盾的,而应该与英国的法律相契合或尽可能相适应。[103]

1964 年《信托法典》打算在英美法系的信托和路易斯安那州民法 163
之间达成什么样的一致?似乎没有任何意向引入新的产权概念。实际上,明确的意图是推进《信托财产法》的早期思考。此外,普通法系的信托没有完全被采纳。“路易斯安那州的信托制度应该在可行并且

〔103〕 总体上参见 F. W. Hall, *The Common Law: An Account of its Reception in the United States* (1951) 4 Vand. L. Rev. 791。

可取的情况下遵循我们的民法概念。"[104] 在目前的情况下,这种一致还没有达成。

故事开始了。1959 年,路易斯安那州法律研究所启动了对《信托财产法》的评议,以期最终修订,该评议产生了《信托法典》。该修订被认为是可取的且立法建议者考虑的问题已经经过仔细记录。[105] 有两个特别令人担忧的基本问题:产权和期间。这两个概念之间的关系未得到正确解释。

传统英美法系的信托概念被决定保留在《信托财产法》中;也就是说,受托人享有信托财产的产权;此外,顾问们认为"受托人的这种所有权概念是正确的",[106] 还讨论了最长信托期限的问题。[107]

164 最终被决定的是测量的生命时长将是获得收入的受益人(the income beneficiary)的生命时长。[108] 在绝大多数情况下,信托将终止于最后一个或幸存的获得收入的受益人的死亡,如同所有受益人一样,他们在信托成立时必须是活着的并且是可以确定的。[109] 对有利于委托人未出生的子女和孙子女的信托作出了例外规定。

一份"附随《路易斯安那州信托法典》的提案之报告"为立法机构准备出来了,[110] 其中有这样的叙述:[111]

该研究所的任务是制定信托法或信托法典,为路易斯安那州公民

---

〔104〕 参见 L. Oppenheim and S. P. Ingram, *Trusts*(Louisiana Civil Law Treatise: Volume 11), St Paul, West Publishing Co. ,1977, p. 19。

〔105〕 同前注,第 1 ~ 46 页。作者对修订过程的描述具有权威性。罗纳德 · 奥本海姆(Leonard Oppenheim)被路易斯安那州立法学院任命为报告人。

〔106〕 同前注,第 20 页。人们认为"分割所有权理论不再在信托中扮演重要角色",进一步认为"由于这种称谓理论而没有遇到任何困难"。信托财产的"产权"和"所有权"在本书中被既不认真也不严肃地讨论。

〔107〕 同前注,第 20 ~ 22 页。

〔108〕 同前注,第 21 页。

〔109〕 同前注,第 98 ~ 100 页。

〔110〕 同前注,第 35 ~ 46 页。

〔111〕 同前注,第 38 页。

提供在民法范围内建立信托的良好、合理和灵活的基础，并在民法术语中表达，除非有与其他法域的语义统一的迫切需要外……信托中主要的是一些基本概念，与民法的工具性(instrumentalities)并没有本质区别。草案中定义的信托本身就是为了第三人的利益将财产转让给他人作为受托人的管理人的关系。

该报告没有说“财产所有权的转移”(transfer of title to property)，只简单地提及“财产的转移”(transfer of property)这样的字眼。

《信托法典》定义了信托和受托人。信托在第1731条被定义 165
如下：

第1731条　信托的定义。信托作为本法典中使用的术语，是指将财产所有权转移给作为受托人的他人并为第三人的利益进行管理而产生的关系。

该定义后的一个注释(1964年起草)：

(a)本条对法律没有任何修改；

(b)信托《第二次重述》第2条是这样定义信托的……

(c)本法典中其他大多数规定均基于本条所述的规则……由于受托人为另一人的利益持有所有权，受托人这一职务被信托文件条款或本法典文本中规定的某些义务所包围。因此，受托人有义务领取和管理信托资产，并且为了履行义务通常可以购买、出售和租赁信托财产，为保护信托财产可以参与签订合同、诉讼及和解。作为受托人，他必须仅为受益人的利益行事。

受托人在第1781条中的定义如下：

第 1781 条　受托人的定义。受托人是将信托财产的所有权转让给他而将其作为受托管理人(fiduciary)的人。

注释(又一次在 1964 年起草)是这样的:

(a)本条不对法律进行修改。信托财产的所有权属于受托人。因
166 此,受托人有权出售信托财产,并且他有责任保护这些财产,除非信托文件另有规定……

(b)信托法第二次重述将"受托人"定义为在信托中拥有财产的人……

在这些法条或相关注释中都没有任何关于受托人是所有者的暗示(suggestion)。没有法条使用普通法上的"产权"这一术语,如 1938 年《信托财产法》对其的定义一样。第 1731 条的定义使用的术语"产权",是第二次重述中所使用的。第 1781 条的定义增加了产权这一概念,虽然已经被相关的注释解释清楚,"产权"没有用于第二次重述中对受托人的定义。尽管如此,由于明确的意图不是要改变法律,因此第 1731 条、第 1781 条以及《信托财产法》中普通法上的产权必须被理解为相同含义。

路易斯安那州最高法院在 *Reynolds v. Reynolds* 案中审查了产权的概念。[112] 最高法院对这些问题作出两次判决。在最初的听证会上,

---

〔112〕 Reynolds v. Reynolds(1980)388 So. 2d 1135. 该案件已受到广泛评议(reviewed)。参见 D. Gruning, *Reception of the Trust in Louisiana: The Case of Reynolds v. Reynolds*(1982)57 Tul. L. Rev. 89; G. Le Van, *Louisiana Counterpart to Legal and Equitable Title*(1981)41 La. L. Rev. 1177; K. Venturatos Lorio, *Louisiana Trusts: The Experience of a Civil Law Jurisdiction with the Trust*(1982)42 La. L. Rev. 1721。雷诺兹夫人是遗嘱信托的受益人。在婚姻存续期间,她获得了收入。受托人没有分配所有收入,有些收入被积累了(was accumulated)。离婚后,她的配偶声称婚姻存续期间所积累的收入、已经分配的收入和未分配的收入都已成为社区财产。他声称在该财产中拥有份额。雷诺兹夫人声称所有已经分配的财产(distributions)都是她的独立财产。

最高法院认为，当产权转移给受托人时，目的是授予受托人以所有权：167
在案件审理前转让给受托人的产权旨在授予受托人以所有权，这表明了“产权”一词的含义。[113] 在重新审理时，最高法院裁定受托人享有产权（而没有对此予以更多说明）并且受益人拥有“少于充分的所有权”的利益。

在初审意见中，有人认为，“当立遗嘱人将财产交给受托人而让其享有并持有时，所有权即转让给受托人”。[114] 据说受益人没有任何“享有所有权的迹象”。[115] 然而，除了复制《民法典》第 477 条（现在是第 447A 条）之外，大多数人并不去探究所有权的性质和范围。[116] 在某异议中，产权被这样描述：

> 信托财产的产权属于受托人，因此他可以作为受托人，为了受益人的本金和收入的利益而管理财产。受托人作为产权持有人的地位与普通财产所有者的地位大不相同，因为受托人仅根据信托条款为受益人的利益持有该产权。事实上，受托人并未获得作为信托财产的“所有者”的所有权，而是作为具有管理和控制财产的专有权力的受托人。[117]

在重审时，没有讨论产权的性质。在某异议中（Dixon CJ），提出 168
以下观点：显然雷诺兹夫人所期待的不确定的权利缺乏所有权不可或缺的要素：即时、控制（dominion）和权力。[118]

所有权不可或缺的要素很可能是即时（一般的物权的特性）、控制

〔113〕 Reynolds v. Reynolds（1980）388 So. 2d，1138.

〔114〕 同前注。

〔115〕 同前注，1139。

〔116〕 参见前注 17 中 La. C. C. 第 477 条：“所有权是赋予一个人直接的、即刻的和专有的权力（authority）的权利。物品的拥有者可以在法律规定的范围内使用、享用和处置它。”

〔117〕 参见前注 112 中 Reynolds v. Reynolds（1980）388 So. 2d，1140。

〔118〕 同前注，1147。

和权力。然而,所有权不可简化的核心是自我享受。它的所有特权都是为实现自我而行使的。在路易斯安那州所有权的历史上,没有任何内容是经过妥当考虑的,除非另有指明。信托法的历次重述,竟然在这方面与该等历史相似,而未表达其不同意见。

有一个新的即时性来解决这个"产权"的问题,并且只有立法者可以参与其中。2005 年,路易斯安那州最高法院在 *Bridges v. Autozone Properties, Inc.* 案中,[119] 提供了如下建议:

> 信托的目的是仅为受益人的利益而管理财产的行为。根据路易斯安那州的法律,信托财产的产权仅归属于受托人,而受益人对信托财产不享有任何产权或所有权利益(ownership interest),只有与受托人相同的民事"对人权"(a civilian "personal right"),即对该信托关系中任何由委托人选择并授予的利益主张权利。[120] 爱德华 · E. 蔡斯(Edward E. Chase)认为,对受托人产权含义的模糊性问题已得到解决。[121]

169 他补充道:"这一点仍有待观察,即对于处理任何问题而言,*Bridges* 案所给出的方案将会反映出将受益人利益定性为合同而非产权是否会被证明是令人满意的。"[122] 实际上,定义受益人的利益(beneficiary's interest)可能比定义产权更为紧迫。

Bridges 案没有对产权问题进行独立审查。它采纳了美国上诉法院第五巡回法院的立场,即该法院于 1999 年作出裁决的 *Read v. U. S.*

---

〔119〕 Bridges v. Autozone Properties, Inc(2005)900 So. 2d 784.

〔120〕 同前注,第 796 ~ 797 页。

〔121〕 参见 E. E. Chase Jr, *Trusts*(Louisiana Civil Law Treatise: Volume 11), 2nd edn, St Paul, West Publishing Co., 2009, p. 4。蔡斯继承了普通法具有"所有权"理论的流行观念。同前注,第 3 页。普遍存在的普通法理论认为,信托的创立将拥有普通法上的产权或所有权的受托人与拥有衡平法上的产权或所有权的主要受益人(the principal beneficiary)之间的信托财产的所有权分开。分割所有权对拥有大陆法系思维的人来说是件麻烦事。《路易斯安那州信托法典》并未将其作为信托的理论基础。

〔122〕 同前注,第 5 页。

案(财政部)中的立场。[123]

在这个案件中,上诉法院被要求考虑收回受托人的费用、债权人对受益人利益的请求以及超出信托资产的请求。该法院审查受益人利益的性质这一点是重要的。该法院通过引用《信托法典》第1724条关于其构建方式的规定即开始了这项审查。[124] 本条的指示一定给该法院留下了深刻的印象:"无论何时本法典都没有规定。"但该法院并没有发现《信托法典》未予规定。随后,该法院审查了第1731条的定义并得出结论:

> 因此在定义信托时,路易斯安那州与普通法系的法域是不同的。170
> 由于信托财产的产权只授予了受托人,因此只有受托人拥有信托财产的民事"物权"(a civilian "real right")。相反,受益人对信托财产没有产权或所有权权益,而只有与受托人一样的民事"对人权",即对委托人所选择的信托关系主张任何利益的权利。[125]

法院推定的逻辑如下。有两种产权的类型:衡平法上的产权和普通法上的产权。当单独使用"产权"一词时,它意味着衡平法上的产权和普通法上产权的结合。一个人拥有衡平法上的利益和普通法上的利益时,他就是所有者。当一个人转让"财产权"(title to property)时,他转让了所有权,受托人则拥有了这个所有权。受托人拥有无负担、不受干扰的物权,而其他人都不享有物权。受益人有一种权利。另一种民事权利是对人权。因此,受益人拥有的是对人权。

在"产权"等同于"所有权"的情况下,这种逻辑也并不是不完美的。但是,产权总归不是所有权。无论是《信托财产法》(在其信托定义中使用"普通法上的产权"一词)还是《第二次重述》,这两者都是理

〔123〕 Read v. U. S. (Department of Treasury) (1999) 169 F. 3d 243.

〔124〕 同前注,87。

〔125〕 同前注123、248中的Read v. U. S. (Department of Treasury) (1999) 169 F. 3d。

解路易斯安那州法律中“产权”含义的来源,都赞同这种推理的逻辑。该法院没有提到《民法典》,因为《信托法典》中有相关规定。《第二次重述》中对“所有者”和“所有权”的使用并不敏感。

171 该法院引用了第1781条(见上文),并得出结论:“该条款确认所有信托财产的产权仅归受托人所有。”[126]这一立场的理由如下:

> 与受托人的这一定义并列的是第1801条将受益人定义为“被赋予了信托利益的人”。值得注意的是,在受益人的定义中没有提到信托财产的产权或所有权,无论是普通法的还是衡平法的。[127]

坦率地说,《信托法典》是自食其果。人们很难对法院未能**解读**《信托法典》中“产权”的范围和界限予以指责。

Ⅵ 《民法典》中的所有权

律师和法官高度尊重民法,更不用说法学教授了,而公民对此却知之甚少。但感兴趣的公民和第三方应该知道,丰富的文献记录了路易斯安那州三个《民法典》的历史:1808年摘要(the 1808 Digest)、1825年《民法典》和1870年《民法典》。[128]

---

〔126〕 Ibid. ,249.

〔127〕 Ibid.

〔128〕 目前西部版(West edition)的《民法典》(2010年)有一篇由A. N. Yiannopoulos教授撰写的文章《路易斯安那州的民法典》。民法典的历史和现行民法典的修订过程可在线获取,见A. N. Yiannopoulos, *The Civil Codes of Louisiana* (2008) 1 Civ. L. Comment. 1,载www. law. tulane. edu/tlscenters/eason/index. aspx? id = 12946&terms = civil% 20code% 20commentaries。关于修订过程的批判性评估,参见V. V. Palmer, *The Death of a Code-The Birth of a Digest* (1988) 63 Tul. L. Rev. 223,该文被帕尔默重新发表,参见前注2中The Louisiana Civilian Experience之第135页;参见A. N. Yiannopoulos, *Requiem for a Civil Code* (2003) 78 Tul. L. Rev. 379。

1870 年《民法典》是现行法典，并且自 1976 年以来一直在修订。 172

《民法典》有四编：第一编（人）；第二编（物和所有权的不同限定）；第三编（不同的取得所有权模式）；第四编（法律冲突）。

第二编为所有权编。（见表 2）

表 2　《民法典》包含的所有权内容

标题一	物
第一章	物的分类
第二章	物上权利（Rights in things）
标题二	所有权
第一章	一般原则
第二章	添附权
第三章	以合同转移所有权
第四章	所有权保护
标题三	人役权
第一章	役权的种类
第二章	用益物权
第三章	居住权
第四章	使用权
标题四	地役权
第一章	一般原则
第二章	自然法上的役权
第三章	法律上的役权（Legal servitudes）
第四章	习惯法中的役权或自愿役权（Conventional or voluntary servitudes）
标题五	建筑物之限制（Building restrictions）
标题六	权利界限
第一章	一般原则
第二章	产权、时效（prescription）及占有的效力
标题七	共同所有权（Ownership in indivision）

第二编在1976年至1979年进行了全面修订。旧法律遵循的是19世纪法国法典编纂过程中提出的财产观念。另外,修订后的法律借鉴了其他制度体系。例如,使用权(right of use)借鉴德国和希腊的法律。使用权是一种人役权(personal servitude),赋予一个人类似于可以通过地役权(predial servitude)来建立的权利,也就是有利于一个人的通行权(right of passage)。修订后的法律也使路易斯安那州的判例法被编纂成法典。关于建筑物之限制的法律就是这种编纂法典判例中的一个例子。除了一些最初就没有被考虑到的不足之处外,[129]这本书读起来还是很不错的。

物被分为共同的物、公共的物和私人的物;有体物和无体物;动产和不动产(第448条)。

173 物上的各种权利被列举为:所有权、人役权和物役权以及法律允许的其他物权(第476条)。有两种役权:人役权和地役权(第533条)。人役权是为了某人的利益而对某物的掌控(第534条),分为三种类型:用益权、居住权和使用权。

174 附属他物权是为了主物的利益而对从物的掌控,分为三种类型:自然的、法定的和协议的(或自愿的)。建筑物之限制都是物权。它们是有关不动产使用的限制,并且与建筑物标准、特定用途和改进有关(第775条)。这一编规定了边界,并提供了不可分所有权的规则(共同所有权)。

所有权的定义见第477A条:

所有权是赋予一个人以一物之上直接的、即时的并且专属的权利。物的所有者可以在法律规定的条件和限制下对其进行使用、收益

---

〔129〕 参见前注17中《路易斯安那州民法典》第466条、第520条、第667条、第780条。路易斯安那州的律师会欣赏这些例子:第466条(建筑物或其他建筑的组成部分),第520条(废除善意购买者原则),第667条(财产使用的限制)和第780条(建筑物限制的修订和终止)。

和处分。

而就在修订之前，所有权被定义如下：

第 488 条　所有权是一种专属于某人特定之物上的、排他的权利。

第 491 条　完全的所有权赋予主体以最不受限制的方式对其财产进行使用、收益和处置的权利，前提是不得以任何法律或法令禁止的方式。[130]

在 1825 年《民法典》中，英文文本与修订前的 1870 年条款相同。而第 488 条的法文文本如下：

财产是一种只属于自己的物上的权利，并且针对其他所有人。

在 1825 年《民法典》中，修订前的第 491 条没有提及完全所有权，175 而使用的是绝对所有权和完整所有权（la pleine propriété）。1808 年法典中的条文是这样表述的：

绝对所有权赋予主体以最不受限制的方式对其财产使用、收益和处置的权利，前提是不得以任何一种法律或法令禁止的手段。[131]

所有权的口号（mantra）基本保持与编纂的民法相同；或者更确切地说，在信托出现之前，它一直保持不变。在《民法典》中没有明确规定，物的所有者对自己的个人收益有直接的支配权，并且为自己的利益而拥有该物及孳息。诸如"一个人的财产"或"只属于自己的"（见上文）的表述并不能令人信服。法律的编纂者没有在所有权的概念中

---

〔130〕 在旧法律中，所有权被分为完全（perfect）所有权或不完全（imperfect）所有权。不完全所有权是指受条款或条件约束的所有权，或者是上述有第三人的物权，如使用权的负担的所有权。

〔131〕 有关 1808 年、1825 年和 1870 年《民法典》的相关规定，参见 Compiled Edition of the Civil Codes of Louisiana（Louisiana Legal Archives：vol. Ⅲ，Part Ⅰ），Baton Rouge，1940，p. 277 – 279。

表达出自我享受这一含义,因为他们认为个人享受来自所有权的整体制度这一点是不言而喻的。

尤金·桑德斯(Eugene Saunders)在他关于路易斯安那州法律的规范性读物中说:"我们唯一需要知道的所有权是这样的:财产所有者……享有以其认为合理的任何方式处置其财产的绝对的和不受限的权利。"[132] 桑德斯多说了一点。桑德斯在 20 世纪初演讲时没有必要继续,因为个人信托还没有正式来到路易斯安那州。当他谈到"产
176 权"时,就是一个和当今民法中具有相同含义的概念;也就是说,"产权"就是"所有权的凭证"。[133]

所有权作为一种绝对物权,很可能已超越它曾经拥有的任何完整性意义(尽管法国人不相信)。[134] 然而,《民法典》如今也没有提供任何管理性所有权(managerial ownership)作为所有权的一部分或作为其部分权能的依据。也许所有权应超越自我享受,以便受托人可以行使所有权的特权(prerogatives),"如同所有者一样"。关于特权这个话题,这是立法者的议题,但立法者还没有探讨过。

所有权不仅仅是转让财产的权利。在信托背景下,有一种明确的观点认为,有权转移财产的人被贴上所有者的标签:"转让意味着所有权;而享受则不是。"[135] 但是,从数量上来讲,公民更多地是通过使用和享受有体物来行使其支配权。《民法典》中关于财产的表述充分证明其将使用、享受及其保护作为所有权和其他物权的重点。

177 总之,在《路易斯安那州财产法》中,仍然具有高层次的个人自我

---

〔132〕 参见 E. D. Saunders, *Lectures on the Civil Code of Louisiana*, New Orleans, Loyola University Law School, 1925, p. 161。

〔133〕 同前注,第 460 页。"产权"也可能意味着"法律行为"。在这方面,见前注 17 中的 comment(b) of the Revision Comments – 1977, La. C. C., article 740。

〔134〕 对法国财产法的改革已经被提出了。见 H. Périnet-Marquet, ed., *Propositions de l'Association Henri Capitant pour une réforme du droit des biens*(关于财产法改革的提案), Paris, Litec, 2009。第 534 条规定所有权是使用,享有和处置事物的专有和持续的权利。它赋予持有者绝对权力,但受制于规范其的法律。

〔135〕 参见前注 14 中 Chalmers, Ownership of Trust Property, p. 142。

满足的意识形态基础。

然而,如果没有其他可以说服的,将受托人描述为所有权人还是有不妥之处的。[136]

Ⅶ　协调

信托财产的所有权理论比比皆是,但有些被迅速抛弃。例如,法国的方法被抛弃,是因为它已经发展成了一个明确禁止个人信托的制度。出于同样的原因,魁北克省在其现行民法中重新制定信托法之前的立场,即受托人拥有自成一体的产权或受托人是一个独特的所有者,对路易斯安那州的信托来说不是一个有用的模型。魁北克省以前的信托法与其替代法密切相关。[137] 路易斯安那州禁止受赠人被授予以既保留又交付的双重手段来取得完全所有权。因此,在路易斯安那州,信托之外没有连续的所有权利益。法国和魁北克省对受托人所有权的处理方法在具体规则和私法制度的范畴已经得到发展。他们的方法很有意思,但最终他们无法为路易斯安那州信托财产的产权问题提供解决方案。[138]

---

〔136〕 同前注,第 141 页。

〔137〕 主要案例表明 1994 年之前魁北克省法律中信托与其替代者之间的密切联系。关于判例法的审查,参见 W. E. Stavert, *The Quebec Law of Trust* (2002) Est. Tr. & Pensions J. 130。

〔138〕 南非的信托经验也没有为解决路易斯安那州信托财产所有权的尖锐问题提供有价值的帮助。南非的讨论集中在英国信托与以下这些和信托的相似制度之间的相互作用与区别上:财产管理的分置(例如,管理和督导)(curatorship and tutorship),即某人的财产由某财产管理办公室为了另外一个人的利益而进行管理;罗马—荷兰法律上的信托遗赠(fideicommissum),即一种能够实现连续的有益享受的制度(但从所有的特征来看,不是像信托的替代制度那样有连续的所有权利益)。最近的南非信托中没有任何内容在路易斯安那州产生共鸣。但在某种程度上可以说,这是对受益人权利性质的永久性问题。参见 T. Honoré, *Trust*, in R. Zimmermann and D. Visser, eds., Southern Cross: Civil Law and Common Law in South Africa, Oxford, Oxford University Press, 1996, p. 849。

178 充其量,它们只是提供了讨论的魁北克省模型。

因此,若某一特定信托与任何特定大陆法系的某一特定私法制度中的特定所有权概念相冲突,则会产生相同的问题,包括具体解决方案的问题。

本章建议管理权(management)和所有权可以构成两个独立的财产利益机制。“产权”和“所有权”的概念通过用“管理”代替“产权”这个概念来协调。表3说明了其中每个词汇的特征。它非常明确地表明《第一次重述》和《第二次重述》中关于“所有权”的非凡成就——而这个成就却被《信托法典》的编纂人员忽视了。[139] 该成就是术语“所
179 有者”的定义:“‘所有者’这个术语用于本重述这个主题,以表明一个为了其自身权益而被授予一个或多个利益的人。”[140]

表3　管理权与所有权

<table>
<tr><td colspan="4">权利与利益</td></tr>
<tr><td colspan="2">利益</td><td colspan="2">权利</td></tr>
<tr><td colspan="2">管理权</td><td colspan="2">所有权</td></tr>
<tr><td colspan="2">信托</td><td colspan="2">非信托</td></tr>
<tr><td rowspan="2">受益人</td><td>受托人</td><td colspan="2" rowspan="2">所有者</td></tr>
<tr><td>管理人</td></tr>
<tr><td>无义务</td><td>有义务</td><td colspan="2">无义务</td></tr>
<tr><td>有利益</td><td>无利益</td><td colspan="2">自我受益</td></tr>
<tr><td>受益上的利益</td><td>管理上的利益</td><td colspan="2">所有权</td></tr>
<tr><td rowspan="2">权利</td><td>权力</td><td rowspan="2">物权</td><td rowspan="2">主观权利</td></tr>
<tr><td>义务</td></tr>
</table>

管理权作为一个单独的财产制度,并不是一个新概念。它出现在现行《魁北克省民法典》中。魁北克省信托冒险地论证了一个新制度

[139] 参见前注8中的 Restatement First, § 2, Comment d, p. 9。
[140] 同前注63和90。

可以被建立以管理他人财产。在魁北克省,信托可以通过财产从一个人的财产转移到另一个被称为“被配置”的财产来构成。信托人、受托人和受益人对该财产不享有任何物权。产权是财产利益的证明文件。因此,物权的分配没有出现在魁北克省法典的信托条款中。一切都被认为是义务、权力和权利的一种功能。受托人在履行职责的过程中行使其对信托财产的权力。受益人在信托遗产中享有财产权利。该法 180
典使用“权利”(right)一词来表述权益。这些“权利”不是直接、即刻、排他地针对信托中的物行使的。它们是受法律保护的权益。有对信托管理和受托人权力行使的规则。许多其他规则与为他人财产的管理人制定的规则有许多共同点,例如,遗嘱执行人,辅助人、管理人和相类似的人。

在魁北克省,受益人的权益是由它们不是什么来定义的:它们不是物权。因此,在《魁北克省财产法》中,权利分为物权性质的权利和非物权性质的权利。由于必须赋予这些非物权名称,“权益”(用英文书写的)似乎是一个合理的建议。魁北克省受托人的产权也是由它不是什么来定义的。它不是物权。魁北克省没有为受益人权利确定新的学术属性。因此,不得不发展一种机制,这种机制可以不依赖于对当事人没有的东西(物权)的否定,而是依赖于他们拥有和持有的东西。尽管如此,可以肯定地说,这些权利不是物权,而属于一种新的财产权利。它们肯定不是 *Bridges* 案和 *Read* 案中法院所理解意义上的对人权。

路易斯安那州没有将信托概念纳入《路易斯安那州民法典》。首先,它可以通过引入第Ⅱ编的新标题——“信托”来实现,其中信托将以与《信托法典》相同的术语被定义。其次,将存在以相同的术语来定义受托人和受益人的法条。《民法典》第476条通过补充“也可以在信托财产中拥有各种权利和利益”予以修订。

“物”这个词不会被使用。“权利和利益”这个术语来自《第三次重述》。 181

《信托法典》应该被修改,信托的定义应当是(以《第三次重述》中的方式):"将财产转移给为第三人利益而作为受托人而管理的人的关系。另外,使持有财产的人有义务为一人或多人的利益处理财产。"受托人将被定义为:"受托人是以信托方式持有财产而由他作为受托人管理的人。受托人对信托财产不享有物权。""受益人"的定义可能会是这样的:"受益人是指在信托中拥有权利和利益的人,其权益是由信托创设的。"这些关于修正案的建议没有提出复杂性要求。

最后,每个修改过的部分都会伴随着一个有用的评论:"这一部分代表了法律领域的一个新起点,一个一直是学术热点和法学辩论焦点的问题。"[141] 通过新的修改,路易斯安那州将绘制自己的信托蓝图。
182 它将拥有适合其自身的"大陆法系信托"(civil law trust)。

---

〔141〕 有关的相同措辞,参见前注 17 中的 Revision Comment - 2008, La. C. C., article 466。

第五章 信托法在中国：历史沿革、模糊性和受益人的权利

何锦璇(Lusina Ho)*

Ⅰ 导言

中国目前充满活力的经济是在社会主义法律制度下进行的，在《中华人民共和国宪法》(以下简称《宪法》)中可以找到马克思列宁主义关于土地所有权归国家或归集体所有的规定。[1] 同时，《宪法》也规定私有财产是不可侵犯的且受到国家法律的保护。[2] 中国还通过苏联法律制度继承了与大陆法系基本相似的私法框架。因此，信托，更不用说衡平法管辖权(the equitable jurisdiction)，并不是1949年以来

---

* 作者感谢中国香港特区研究资助委员会(the Research Grant Council of Hong Kong)为本文的研究提供资助(GRF Award No. H744107)。感谢韩露露(Lulu Han)提供研究帮助，感谢肯尼斯·瑞德(Kenneth Reid)教授以及在麦吉尔大学(McGill University)交流时为本文的早期草稿提供了极其宝贵建议的参与者们。

〔1〕《宪法》第10条(官方译本载 www. npc. gov. cn)。

〔2〕同前注，第13条。

中国现行法律制度中的本土部分,它也从未在古老的、王朝制的中国生根。

183 尽管有这样的背景,在 2001 年,中国通过颁布《中华人民共和国信托法》(以下简称《信托法》),大胆地将信托法引入中国的民法体系。[3] 在随后的 10 年中,中国颁布实施了许多法律和法规,以便信托可在投资基金、[4]职业养老基金、[5]资产证券化、[6]集合资金信托[7]和房地产投资信托[8]等复杂安排中使用。然而,由于历史上缺乏信托的概念,《信托法》有意规避(leaves open)了一些有关把所有权转移给信托的必要性和受益人权利的性质等基本问题。

184 这就引起了关于谁拥有信托资产以及受益人权利是物权(对物权)还是债权(对人权)或其他权利的激烈争论。[9] 虽然这些争议仍未得到解决,但是从中国法院在前两个关于信托法的裁决中的分析可以看出,信托的概念尚未在中国法院中得到充分的认识。[10]

笔者旨在通过提出三个观点加以讨论:第一,受益人权利在中国信托法中不是一项物权,而是一种债权;第二,与典型的债权不同,它可以对抗相当多的第三人;第三,这种债权的范围不限于最初设定信

[3] 参见 W. Hutchens, *The PRC's First Trust Law*: *Trusts without Chinese Characteristics* (2001) 15 China Law and Practice, June issue, 18; F. Foster, *The Dark Side of Trusts*: *Challenges to Chinese Inheritance Law* (2003) 2 Wash U Global Studies L. Rev. 151。

[4] 《中华人民共和国证券投资基金法》(2004 年),中华人民共和国主席令(第 9 号)。

[5] 《企业年金基金试行办法》,自 2004 年 5 月 1 日起生效;《企业年金基金管理试行办法》,自 2004 年 5 月 1 日起生效。

[6] 《金融机构信贷资产证券化试点监督管理办法》,自 2005 年 12 月 1 日起生效。

[7] 《信托公司集合资金信托计划管理办法》,自 2007 年 3 月 1 日起生效。

[8] 信托公司房地产投资信托管理试点办法草案已由原银行业监督管理委员会编制,但尚未公布。

[9] 秦苏:《信托财产所有权归属问题研究》,载《中国矿业大学学报(社会科学版)》2004 年第 4 期;《信托产权——信托法与民法典》,载《甘肃政法学院学报》2007 年 3 月刊。

[10] 北京海淀科技发展有限公司诉深圳市新华锦源投资发展有限公司等人案,(2006)渝高法民初字第 14 号;岩鑫公司诉华保信托投资公司案,一审判决为(2004)沪一中民三(商)初字第 201 号,二审判决为(2004)沪高民二(商)终字第 226 号。

托的财产,同时适用于代表信托基金的合法或非法替代资产。虽然这种权利的具体内容可能前所未有,但是在中国法律中,对第三方强制执行债权已达成共识。

因此,引入信托和创造受益人权利并不偏离任何现有原则。得出 185
这些结论,笔者从莱昂纳尔·史密斯教授[11]的研究中汲取灵感,并在其随后在麦克法兰教授的《物权法的结构》一书中的论文中受益良多。[12] 这些评论者试图解释受益人权利在所有权效力方面对从受托人处获得产权的第三方的影响,这些解释特别适合普通法系中的信托。然而,笔者试图解释大陆法系中(特别是在中国)受益人权利的性质。

笔者首先对中国信托史进行历史回溯,这对理解现行信托法的模糊性至关重要;其次,笔者将研究这些含糊不清的问题以及中国法院在解决这些问题时采取的做法;最后,笔者建议将受益人权利归属于已在中国认可的相关权利类别中。

Ⅱ　中国信托史

在中国古代,继承问题主要由习惯法管辖,个人遗嘱发挥的空间
很小。因此,当时缺少能够像信托一样委托他人管理自身财产的制 186
度。人们可能会将社区土地一项用于祖先崇拜或村民社区成员的利益的习惯安排概念化为信托,因为这些安排涉及将宗族土地置于村庄

〔11〕 L. Smith, *Trust and Patrimony* (2008) 38 RGD 379; also published in (2009) 28 *ETPJ* 332; see also K. G. C. Reid, *Patrimony Not Equity: The Trust in Scotland* (2000) 8 European Review of Private Law 427.

〔12〕 B. McFarlane, *The Structure of Property Law*, Oxford and Portland, OR, Hart Publishing, 2008.

管理者的控制之下,以达到指定目的。[13] 但是,当时很少有关于这些安排的正式规则,而且争议通常是通过非法律渠道来处理的。

1949 年中华人民共和国成立。1949 年后,信托公司和投资公司陷入停业状态。[14] 直到 1979 年,信托公司与投资公司重新营业。当时中国采取改革开放政策,非常需要在严格的国家计划预算之外获得灵活的融资渠道(用于基础设施和发展项目)。[15]

187 因此,作为不受国家宏观经济政策限制的非银行金融机构,信托公司和投资公司再度复苏。其中,许多公司是由省政府设立和管理的,这些公司对各省之间预算之外的资本流动以及吸引海外投资具有重要作用。信托公司的"信托"业务为"信托贷款""信托投资""信托存款",这涉及公司从客户那里提取资金,通过贷款进行固定期限的投资,以换取到期的利息。由于当时没有资金相区别的要求,且利润(和损失)归公司而不是客户所有。这些活动本质上是存款活动。信托标签是在非法律意义上使用的,其含义是指客户对这些公司的信任和信心。中文的"信托"由两个词组成,即"信"和"托";前者的意思是"信任"(faith),而后者的意思是"代理"或"托管"(custody)。因此,信托这个标签仅指客户对这些公司的总体代理角色的信任。

鉴于这些信托贷款业务的性质以及缺乏严格普通法系意义上的信托业务,因此,信托投资公司应该与信托法的颁布无关。

188 但是这些公司成为 1993 年起草制定《信托法》的主要原因之一。到 20 世纪 90 年代初,人们认为需要一个全面的法律框架来规范信托

---

〔13〕 B. Wong, *Chinese Customary Law-An Examination of Tsos and Family Tongs*(1990) 20 HKLJ 13; S. Chung, *Chinese Tong as British Trust: Institutional Collisions and Legal Disputes in Urban Hong Kong*, 1860*s* – 1980*s*(2010) 44 Modern Asian Studies 1409.

〔14〕 江平、周小明:《建构大陆的信托法制的若干设想》,载《政法论坛》1993 年第 6 期。

〔15〕 关于对中国信托投资公司的全面考察,参见 A. 库玛等:《中国非银行金融机构——信托投资公司》,载《世界银行讨论文件》1997 年第 358 期; I. Gebhardt, H. Hanisch:《中国信托法概述》,载朱少平、E. Gebhardt 等主编:《中国信托法起草资料汇编》,中国检察出版社 2002 年版,第 1 ~ 5 页。

投资公司。因为他们经常在没有进行充分的信用评估和风险管理的情况下向政府关联公司提供贷款破坏宏观经济政策。它们以前在为地方政府和国有企业提供信贷融资等实际银行服务方面的作用也变得多余,因为在那时,国有银行已经在遵守国家宏观经济政策的同时,获得了足够的灵活性。

起草者们认为,一个对这些公司的商业活动(尤其是信托业务)的全面法律框架将有助于引导他们运营真正的信托业务,而不是经营与银行竞争的银行业务。因此,他们打算引入信托法,以精简这两种不同类型金融机构的职能。[16] 然而,这是一种自上而下的政策选择。无论是普通人还是这些信托投资公司,几乎都没有任何真正的信托服务或营业方式的需求。

《信托法》的第一份草案在起草进程启动后的一年内即已完成。 189
然而,由于关于《信托法》中是否应该包含监管信托投资公司的章节这个问题引发了激烈争论,相关立法工作随后被大约搁置了 7 年,直到 2000 年才被重新启动。颁布该法的新动力部分来自被广泛宣传的一些知名信托投资公司被清算的消息,[17] 部分来自中国对投资基金法律框架的需要。甚至在《信托法》颁布之前,投资基金就已迅速增长,以满足市场对集中资产投资股市的需求。[18] 为弥补监管投资基金的法律空白,国务院于 1997 年 11 月颁布了第一部全国性的投资基金管理办法,即《证券投资基金管理暂行办法》。[19] 由于该办法是行政法

---

〔16〕 张肖:《信托立法过程的背景介绍》,载朱少平、E. Gebhardt 等主编:《中国信托法起草资料汇编》,中国检察出版社 2002 年版,第 11 ~ 12 页;王连洲:《信托法出台,不宜再拖》,载朱少平、E. Gebhardt 等主编:《中国信托法起草资料汇编》,中国检察出版社 2002 年版,第 14 ~ 17 页。

〔17〕 C. Z. Qu, *The Doctrinal Basis of the Trust Principles in China's Trust Law*(2003)38 Real Property, Probate and Trust Journal 345.

〔18〕 参见赵振华:《证券投资基金法律制度研究》,中国法制出版社 2005 年版;T. Tong, *Fund Management in China*, Singapore, China Knowledge Press Ltd, 2005。

〔19〕 该暂行办法只允许封闭式基金之投资。其后,于 2000 年 10 月 8 日公布并生效的《开放式证券投资基金试点办法》补充和扩展了这些程序。这两个办法都被《证券投资基金法》废止。

规(administrative regulations),而不是法律(law),而且只是为了规范
190 设立和管理这类基金的规则,因此仍然需要一部关于投资基金中基本信托关系的权利和义务的法律。[20]

与此同时,起草者们还被养老信托、资产证券化和房地产投资信托等集合投资工具的效用所吸引。他们的宏伟计划是,在制定信托的基本法律规则时,《信托法》可以为具体适用的信托法律提供基础。

从这个制定《信托法》的历史背景中,我们可以观察到以下几点。第一,虽然引入信托以方便代际继承或私人财富管理的做法在普通法法系(可能也包括大陆法系)很常见,中国普通民众对此需求则有限。[21] 第二,由于起草者们不希望排除信托在未来被更广泛应用的可能性(如在慈善机构和家族财富规划方面),所以他们草拟了一份可被广泛适用的信托法。

191 与此同时,他们迫切关注的是利用《信托法》来规范集合投资信托以及为信托投资公司制定真正信托业务的法律框架,在这些领域中,信托财产的主要形式是资本而不是不动产或有形资产。

Ⅲ 法律的模糊性

本节旨在点评《信托法》中规定且由法院解释的中国信托基本结构。对于中国信托,笔者将从一些关键问题入手进行论述,这些问题决定了信托被纳入民法的模式。这些问题包括:

---

〔20〕 可以将投资基金结构化为公司而不是信托,但这将引起公司法人资格导致的税务责任的困难问题。因此,许多资金甚至在该暂行办法之前就已安排为“合同”,或者更具体地说是信托合同。

〔21〕 不过,个人作为“信托”的登记所有者(registered owners on “trust”)而为提供实质买卖价格的实质所有者(substantial owner)持有资产,是常见的做法。而这种安排过去(而且现在)仍然通常用来规避某些人士(如外国人)拥有所有权的法律限制。这些登记所有者很少积极参与管理资产,他们只会借出自己的名字。这些可以说是消极信托(bare trusts)。

1. 信托资产的所有权归谁?

2. 受益人在多大程度上拥有对信托资产的直接物权,抑或是仅对受托人享有提出索赔的权利?

3. 如果是后者,那么这些权利在多大程度上可以对抗第三人?

A. 信托资产的所有权

1. 法律规定的模糊性

根据中国《信托法》,设立信托需要委托人和受托人之间订立书面信托合同,通过遗嘱或其他法律法规授权的书面文件。[22]

因此,回归信托和推定信托(resulting and constructive trusts)的理 192
论没有被确切地引入中国。如果信托财产(如与土地和船舶有关的权利)需要登记,则该等信托财产上所设立的相关信托亦需要办理信托登记。[23] 如果信托财产无须登记,信托则不需要登记。信托在信托合同签订时生效。信托一旦成立,信托财产就需与财产委托人和受托人的其他资产相区别。为了加强隔离原则,首先,法律规定,信托财产不属于委托人和受托人在其去世后的遗产或者破产财产;[24] 其次,除《信托法》规定的特殊情况外,例如,在信托管理中产生的债务,信托财产不受债权(包括受托人自己的债权人的债权)的影响。[25] 委托人和受益人拥有共同监督受托人的广泛权利,并可对违反信托的受托人和第三方提起诉讼,要求归还违反信托所获得的信托财产或支付赔偿金。[26]

尽管《信托法》建立了广泛的信托框架,但在一些重要问题上仍然存在很大的模糊性。其中的一个问题就是,为了设立一个信托,委托

〔22〕 参见前注 3 中《信托法》第 8 条,“法律、行政法规规定的其他文件”,这种概括性术语是中国立法的一个共同特点。

〔23〕 同前注,第 10 条,关于如何进行这种登记的进一步细节则没有提供。

〔24〕 同前注 22,第 15 条、第 16 条。

〔25〕 同前注,第 17 条第 2 款。

〔26〕 同前注,第 22 条、第 26 条、第 49 条。

人是否需要将信托资产的所有权转让给受托人。[27]

193 一个适当的解释可能是《信托法》第 2 条,它将信托定义为“委托人……将其产权**委托**给受托人,由受托人按委托人的意愿以自己的名义,为受益人的利益或者特定目的,进行管理或者处分的行为”。[28]
194 该定义表明,受托人与受委托“处理委托人事务”的代理人不同,[29] 受托人受托享有委托人对其财产的权利。

这样的定义既不要求委托人将信托财产所有权转让给受托人,也不禁止此种类型的转让;[30] 它只是表明委托人将信托财产所有权“委托”给受托人。关于受托人对信托财产的处置或管理权力的几项重要条文也存在同样的含糊之处。例如,中国《信托法》第 14 条将信托财产定义为信托成立时受托人“取得”的财产。乍一看,这可能表明受托人获得了信托财产的所有权。然而,在代理背景下,同样的中文术语“取得”也指代理人获得相关财产的占有权,而不是所有权。[31] 另一个例子是中国《信托法》第 16 条,该条规定信托财产应与受托人的其

〔27〕 在众多的逻辑可能性上,得到更多支持的观点是:(a)所有权仅转让给受托人,参见前注 17 中 *The Doctrinal Basis of the Trust Principles in China's Trust Law* 一文;耿利航:《信托财产与中国信托法》,载《政法论坛》2004 年第 1 期;秦苏:《信托财产所有权归属问题研究》,载《中国矿业大学学报(社会科学版)》2004 年第 4 期;(b)所有权仍归委托人所有,参见张淳:《我国信托财产所有权归属的态度及其法理审视》,载《甘肃政法学院学报》2007 年第 5 期;张淳:《论由受托人享有的信托财产所有权》,载《江海学刊》2007 年第 5 期;(c)所有权仅由受益人享有,参见温世扬、冯兴俊:《论信托财产所有权——兼论我国相关立法的完善》,载《武汉大学学报(哲学社会科学版)》2005 年第 2 期;(d)所有权归受托人所有,但实质所有权属于委托人和受益人,参见卞耀武主编:《中华人民共和国信托法释义》,法律出版社 2002 年版,第 47 页;R. Lee, *Conceptualizing the Chinese Trust*(2009)58 I. C. L. Q. 655,认为受益人(而不是委托人)拥有有限的所有权;(e)所有权可由委托人或受托人拥有,具体取决于委托人是否已将所有权转让给受托人,参见何宝玉:《信托法原理研究》,中国政法大学出版社 2005 年版,第 11～12 页。

〔28〕 参见前注 3 中《信托法》第 2 条(重点标注)。

〔29〕 《中华人民共和国合同法》(以下简称《合同法》)(1999 年)(已废止),官方译本之网址为 www. npc. gov. cn。

〔30〕 根据《信托法》第 2 条的规定,所有财产权利(包括但不限于所有权)都可以成为信托的标的物。

〔31〕 参见前注 27, Lee, *Conceptualizing the Chinese Trust*, 660。

他财产相区分。虽然笔者的表达似乎暗示信托财产归受托人所有,否则便不必规定信托财产与受托人的其他财产相区分,但中国《信托法》第 15 条同样规定信托财产与委托人未设立信托的其他财产相区别。该法律既未说明委托人与受托人共同拥有信托财产,也未说明这两项规定仅适用于替代情况。

由此可见,《信托法》仅规定了信托财产要与其他财产相区分,无 195
论信托财产是否由信托相关方所有。中国《证券投资基金法》能够对上述观点提供支持,该法规定基金财产与基金托管人和基金管理人的资产应加以区分。[32] 值得注意的是,即使投资基金资产显然是转移到了托管人手中并由托管人而不是由基金管理人拥有,[33]但两家机构都负有同样的责任,即单独管理基金资产,并分别保存基金资产的账簿。[34] 这个做法与《信托法》相同,即无论责任人是否拥有信托财产,都要履行区别义务。因此,《信托法》第 15 条和第 16 条对财产相区别的规定并未就谁拥有信托财产所有权提供任何说明。

鉴于这种模糊性,我们只能得出中国信托法存在两种信托的结论:一种是委托人将对信托财产的权利转让给受托人;另一种是不转让。如果信托财产(如金钱或有形财产)不需要登记,而委托人确实将财产所有权转让给了受托人,[35]在外界看来,受托人就如同财产所有者一样。[36]

这是因为根据《物权法》的规定,所有权包括占有、使用、实际收 196

---

〔32〕 参见前注 4 中《证券投资基金法》第 6 条。

〔33〕《证券投资基金法》第 29 条第 1 款规定,保管人有义务安全保管基金财产,而基金管理人的职责清单中没有列入这一义务(《证券投资基金法》第 19 条)。

〔34〕 参见前注 4 中《证券投资基金法》第 19 条第 3 款、第 29 条第 3 款。

〔35〕《信托法》第 10 条规定,设立信托,对于信托财产,有关法律、行政法规规定应当办理登记手续的,应当依法办理信托登记。但是,没有提供关于如何进行这种登记的进一步细节。

〔36〕 除非是根据《信托法》第 10 条要进行信托登记的情况,基于此,与受托人交易的人才能了解其作为受托人的身份。

益、处分财产的权利。[37] 货币或有形财产通过交付转移所有权。因此,一旦委托人将这种类型的财产交付给受托人,使受托人对信托财产享有占有和使用的权利,受托人便获得了所有《物权法》规定的所有权的外部表现。[38]《信托法》也明确规定受托人有权管理和处分信托财产。[39] 虽然他的权利(占有、使用和处分)受到受益人实际享有财产的权利的限制,[40]但这种受益权利外界是看不见的,只有受益人才知道。从外部来看,受托人与财产所有者无异。

如果信托财产(如与土地有关的权利)需要登记,信托则需要登记。然而,到目前为止,法律没有进一步制定有关信托登记的细节。
197 人们只能推测此种类型的登记至少要披露信托财产已经受信托约束,以及可能与信托有关的一些有限的细节。在这种情况下,受托人的外观所有权(apparent ownership)将显著受到约束,因为任何与其交易的第三方都将知道受托人对信托财产的权利受信托合同约束。

另外,委托人可以通过与受托人签订信托合同来将权利"委托"给受托人,并保留其对信托资产的所有权。这种协议符合《信托法》的规定。《信托法》第 8 条规定,设立信托必须通过合同或遗嘱等书面形式,[41]信托在签订信托合同时即成立,并不要求委托人将信托财产转让给受托人。除此之外,《信托法》中很多条款可以被理解为信托财产所有权仍保留在委托人手中。《信托法》第 15 条规定了信托财产与委托人未设立信托的其他财产相区别,尽管财产委托人未必保留所有权,起草者仍然将此规定包含在内。还有两条规定同样将信托财产称为委托人财产。例如,中国《信托法》第 20 条两次规定,委托人有权了

---

〔37〕《中华人民共和国物权法》(以下简称《物权法》)(2007 年)(已废止),中华人民共和国主席令(第 62 号)(官方译本之网址 www. npc. gov. cn)。这部法律相当于中国的财产法。

〔38〕 同前注,第 39 条;《中华人民共和国民法通则》(以下简称《民法通则》)(1987 年)(已废止);中华人民共和国主席令(第 37 号)(官方译本之网址 www. npc. gov. cn)。

〔39〕 参见前注 3 中《信托法》第 2 条。

〔40〕 同上。

〔41〕 由遗嘱设立的信托不太可能采用这种形式。

解“其信托财产”的相关信息。[42] 中国《信托法》第28条和第29条同样规定受托人必须将自己的财产与“不同委托人的信托财产”分开。[43] 本条款的前身(2000年4月颁布的《信托法》草案第25条)的表达为“其他信托的财产”,而不是委托人的信托财产。

虽然将信托财产的所有权转让给受托人并不是信托概念中固有 198
的——授予他通常可供完全所有者(a full owner)使用的管理权就足够了——但委托人保留财产所有权引起的概念和实际问题是不能低估的。[44] 从概念上来讲,这种信托形式与委托关系之间的界限是模糊的。在中国法律中,“委托”并不是只用于设立信托的特定法律术语;相反,它通常用于建立委托关系或授权,[45]而在这种情况下,被代理人是不需要将财产或对财产的权利转让给代理人的。此外,代理人也可以以自己的名义行事。[46] 如果委托人保留信托财产的所有权,但与受托人签订信托合同,赋予受托人代表其管理财产的权力,则此类信托在理论上只与委托或授权有区别。首先,受托人具有一般管理权,而代理人只能行使在授权范围内并且未被代理人随意终止的权
力;[47]其次,在信托中,信托财产应当与委托人自己的财产相区分,而 199
被代理人则继续拥有相关财产,而不用与其他财产相区分。然而,第一个区别仅是代理人和受托人的权力范围不同,而不是这两种制度概念的本质区别;无论如何,当委托人向代理人授予并且不撤销一般权力时(即使他们很少这样做),这种区别就很容易消除。此外,虽然《信托法》规定了信托资金隔离制度,但没有进一步详细规定如何实现这一目标。

---

〔42〕 重点标注。

〔43〕 重点标注。

〔44〕 靳蕾:《浅析信托财产所有权》,载《法制与社会》2007年第9期;L. Ho, *Trust Law in China*, Hong Kong, Sweet & Maxwell Asia, 2003, p. 112 – 16。

〔45〕 参见前注38中《民法通则》第64条、第65条;前注29中《合同法》第396条。

〔46〕 《合同法》第402条、第403条。

〔47〕 《合同法》第399条:受托人应按照委托人的指示处理委托事务;《合同法》第411条:委托人或者受托人死亡、丧失民事行为能力或者破产的,委托合同终止。

在实践层面上,这种信托制度在操作中效率极低。首先,没有所有权将极大地限制受托人像《信托法》设想的那样以自己名义行事的权利,而这就会限制信托关系本应带来的便利。例如,如果委托人将股票委托给受托人管理,但仍保留对股票的所有权,那么受托人将继续作为股票的所有者,而受托人在股东大会上将无权投票。此外,即便受托人具有对股票的完全管理权,包括转让股份的权力,即其与第三方签订的转让合同对委托人(所有者)具有约束力,实际操作上仍需要委托人的配合,例如,根据转让合同交付股权证书。其次,如果资产属于委托人所有,那么委托人将在信托资产管理甚至是信托资产分配方面拥有相当大的实际权利。再加上《信托法》没有对委托人施加像受托人一样的义务(除了财产区分义务以外),受益人的权利可能难以
200 得到保障。最后,即使委托人有财产区分的义务,但与受托人的情况不同,《信托法》并未就委托人的违反行为提供任何法律救济措施。

根据《信托法》起草者的说法,用“委托”这一含混不清的术语来取代在最后公布的草案中要求转移所有权的规定并不是一种疏忽。相反,这是有意为之,以解决将所有权交给受托人的问题。由于中国民法中的所有权是不可分割的,将所有权置于受托人手中会给受益人的权利带来很大的风险,使受益人的权利得不到充分的保护。〔48〕同样地,委托人也不愿意放弃所有权,不愿意将信托财产控制权让给陌生的受托人。〔49〕《信托法》起草者之一江平教授认为,中国《信托法》的创新之处在于将信托资产的所有权归属问题进行了留白处理。他认为,《信托法》只赋予受托人管理信托财产的权利。〔50〕

201 在这个过程中,它在给予受托人处分信托财产的权利和保护受益人权利的必要性之间取得了适当的平衡。

---

〔48〕《投资基金立法的重要法律依据》,载《人民日报》2001年5月24日;全国人大《信托法》起草工作小组编:《中华人民共和国信托法条文释义》,中国金融出版社2001年版,第20页。

〔49〕前揭卞耀武主编:《中华人民共和国信托法释义》,第2~3页。

〔50〕参见前注3中《信托法》第2条。

虽然《信托法》条文宽泛的主要目的,是允许任何具有民事行为能力的自然人或法人担任受托人,但起草者正确地认识到,承担这一作用的机构将主要是信托投资公司。由于信托投资公司在金融机构中所处的地位最低,经验最匮乏,公众对给予它们全部所有权缺乏信心是可以理解的。不管怎么说,所有权的转让并没有被禁止,只是非强制性的。由于根据《信托法》设立的信托大多是集合投资计划,投资者无论如何都会将其(现金)投资转移给受托人,因此起草者认为,没有任何迫切需求去解决委托人保留信托财产的问题。由于根据该法设立的绝大多数信托涉及将信托资产转让给受托人,因此,对于委托人保留信托财产所有权的疑虑更多是理论上的,而不是实践中的。相反,妥协的好处是获得立法者对颁布《信托法》的支持。

2. 司法理解

到目前为止,中国最高人民法院尚未出台有关《信托法》的司法解释。事实上,在有关信托的最初两个裁决中,中国的下级法院提出,即 202
使信托资产转让给受托人,所有权也属于委托人和受益人,这就使问题复杂化了。

在"北京海淀科技发展有限公司诉深圳市新华锦源投资发展有限公司等财产权属纠纷案"中,[51]委托人将资金转让给受托人以获取指定股份并作为唯一受益人以信托的方式持有一年。随后,第三方声称委托人的资金是由委托人控制的公司向第三方借来的,并且因滥用而违反了贷款合同。第三方认为信托是掩盖违约行为的手段,并试图冻结信托资产。作为回应,委托人和受托人共同寻求法院确认北京海淀科技发展有限公司是信托资产的合法所有者。基于案件事实,重庆市高级人民法院驳回了贷款人的索赔请求。法院认为,委托人或受益人有权对信托资产的所有权纠纷之第三方提起诉讼。而受托人只是名义上的所有者,并不具有《民事诉讼法》第 108 条第 1 项规定中的直接

〔51〕 参见前注 10。

203 利害关系,[52]因此受托人不能对第三方提出任何所有权的要求,只能因其参与信托管理并且是信托合同的一方当事人,而以第三人身份参与诉讼。根据这种观点,信托资产的所有者是委托人或受益人,或者甚至是两者,但肯定不是受托人。

该法院根据以下理由证明其结论是正确的:首先,《信托法》第2条并未要求所有权转让;其次,《信托法》第28条和第29条提到受托人有责任将“不同委托人的信托财产”分开,[53]并且受托人不得“将不同委托人的信托财产进行相互交易”,[54]这些均表明信托资产归委托人所有;再次,《信托法》第54条规定,除信托文件另有规定外,信托财产在信托终止时应由受益人所有;最后,在本案中,信托合同中提到委托人是实际所有者(the de facto owner)。

然而,这些条款中的大多数都支持相反的解释。第一,受益人**在信托终止时**获得所有权,并不意味着他**在信托期间**也是所有者;相反,正是因为他不是信托存续期间的所有者,所以在终止时需要明确规定给予他所有权。第二,虽然《信托法》第2条并未规定所有权转移,但也没有禁止;相反,在真正将所有权转移给受托人后,仍将《信托法》第2条解读为委托人是所有权人。第三,“不同委托人的信托财产”可能仅仅是不同委托人**授予的**信托财产的缩写。[55]

204 根据这一分析,希望重庆法院的这一判决不会被遵循——无论如何,中国不采用遵循先例原则,在所有权转移给受托人的情况下,受托人应被视为财产的所有者,但有义务为受益人的利益或特定目的管理财产。

值得注意的是,上述“北京海淀科技发展有限公司诉深圳市新华

[52] 《中华人民共和国民事诉讼法》(以下简称《民事诉讼法》),中华人民共和国主席令(第75号)。译本网址为 www. lawinfochina. com。

[53] 参见前注3中《信托法》第29条。

[54] 同前注,第28条。

[55] 参见秦苏:《信托财产所有权归属问题研究》,载《中国矿业大学(社会科学版)》2004年第4期。

锦源投资发展有限公司等财产权属纠纷案”不是中国法院对信托观点的偏离，而是法官将信托概念转化为合同的一个亚种的典型例子。在上述“北京海淀科技发展有限公司诉深圳市新华锦源投资发展有限公司等财产权属纠纷案”和“上海岩鑫实业投资有限公司诉华宝信托投资有限公司信托合同纠纷案”中[56]——后一个案件由上海市中级人民法院判决；在该案中，股份是由一位以自己为受益人的唯一委托人以信托方式持有的，唯一的委托人/受益人寻求将他的所有权利和义务转让给第三方——两家法院都认为，拟议中的转让不限于当事人作为受益人的权利，而是包括其作为委托人和受益人的所有权利和义务。即使《信托法》没有规定委托人在信托下的权利转让，法院也不难援引《合同法》而使转让具体化——合同的一方将合同中权利和义务转让给第三方的权利。

在“北京海淀科技发展有限公司诉深圳市新华锦源投资发展有限 205
公司等财产权属纠纷案”中，法院判决如下：

《信托法》及其他相关法律法规中虽然未规定委托人权益转让问题，但也未明令禁止转让……相关合同并不违反法律或行政法规的强制性规定，不损害他人合法权益，并且经过了新华信托的确认和登记，并在重庆银监局进行了备案，应当认定相关合同有效。

这种对信托关系的合同化理解在某种程度上得到了《信托法》的支持，该法赋予了委托人监督受托人的许多权利。这些权利包括知情权、[57]要求受托人调整信托管理方法的权利，[58]以及就违反信托行为提起诉讼和寻求救济的权利，等等。[59] 委托人还有在信托成立后单方面改变受益人权利的权利，例如，在某些情况下，他可以取代受益

---

〔56〕 北京海淀科技发展有限公司诉深圳市新华锦源投资发展有限公司等人案，渝高法民初字第 14 号；岩鑫公司诉华保信托投资公司案，沪高民二(商)终字第 226 号。

〔57〕 参见前注 3 中《信托法》第 20 条。

〔58〕 同前注，第 21 条。

〔59〕 同前注，第 22 条。

人或处置其受益于信托的权利。[60] 这些特点表明了信托义务的概念是源于受托人为作为第三人的受益人的利益而对委托人作出的“合同性”(contractual)承诺;因此,作为合同当事方的委托人有权强制执行信托合同。[61]

206 笔者认为,对信托关系的合同化理解并不意味着信托财产的所有权必须由委托人保留,他只是与受托人签订信托合同。它同样适用于所有权归受托人所有,而受托人受到委托人的合同权利和受益人的法定权利制约这一点。[62] 这是因为所有权归属问题与信托当事人之间关系的性质问题是不同性质的问题。除对第三方提起诉讼的权利外,上述委托人的权利(如知情权、查阅账户权、关于信托管理和保密的咨询权)是典型的债权性权利。正如下一节试图阐明的那样,即使委托人(或受益人)对违反信托的第三方提起诉讼的权利(该权利具有有限的所有权性质的效力),也不用把委托人当作所有权人来解释。[63]

归根结底,尽管起草者们认为只需授予受托人管理和处置信托财产的权力,但《信托法》的规定含混不清,使委托人可选择是否将信托资产的所有权转让给受托人。因此,根据委托人的选择,信托资产的所有权(民法意义上的完全、不可分割的所有权),可归委托人所有,亦可归受托人所有。[64]

207 信托可以在这两种形式下运作,尽管具有不同程度的实际便利。如上文所述,如果将不用登记的财产的所有权转让给受托人,受托人对外似乎是不受限的所有者。这将会在管理及处置信托财产方面带来极大的便利。如果将需登记的财产转让给受托人,并以信托的方式

---

〔60〕 同前注,第 51 条第 1 款。

〔61〕 参见周小明:《信托制度比较法研究》,法律出版社 1996 年版,第 36 页。

〔62〕 根据中国《合同法》的规定,如果 A 和 B 订立为第三人 C 的利益的合同,那么 C 不具有直接起诉 B 不履行义务的原告资格。在这种情况下,只允许 A 执行合同,此规定见《合同法》第 64 条。

〔63〕 参见注释 83 及后面的论述。

〔64〕 如果所有权只属于委托人,那么遗嘱信托将面临很大困难,因为已故的委托人不能成为所有者。

持有,在符合登记规定的情况下,他便会向信托财产的潜在买受人透露其信托管理人的角色。这种情况下,他管理的便利可能会受到损害,但受托人滥用权利的风险也会减少。或者,如果委托人保留所有权,他的所有权将受到受托人管理信托资产的权力和受益人从信托资产中获得利益的权利及不允许非受益人(包括委托人)干涉受益人权利的限制。由于这两种情况下的委托人或受托人都已依法取得了所有权人的地位,那么像"北京海淀科技发展有限公司诉深圳市新华锦源投资发展有限公司等财产权属纠纷案"中法院所做的那样忽视这一点,将另一方视为事实上的财产所有权人的做法,如果不是非必要的复杂化,则是极其人为化的(artificial)。

不管怎么说,要在中国背景下落实信托概念,只须认识到无论所有权人是谁,他的权利都会受到信托安排的限制。这种限制不必通过赋予有权实施这些限制的一方当事人以所有权的形式来实现。

鉴于中国《信托法》赋予委托人和受益人的权利,在受托人是所有者的情况下,这些限制可以通过给予受托人除其他权利外排除第三方干涉受益人享有信托资产的权利来实行,[65]而在所有权属于委托人的情况下,则可通过额外给予受托人管理和处置信托财产的权利来实行。毕竟,在中国,目前确认所有权的方法不是分割所有权,并将所有权人和抵押权人都视为所有者,然而,我们需要认识到所有权人的权利要受到他人的制约。下文将探讨后面这种权利的确切性质。 208

最后,中国《信托法》的任何规定,都不会与信托财产的全部所有权归属于受托人相悖;换句话说,《信托法》中甚至连第15条也没有规定委托人必须是所有者。《信托法》第15条规定将信托财产与委托人的其他财产分开。可以说,如果委托人将所有权转让给受托人,他将不再拥有信托资产,法律也就没有必要规定将其资产与信托资产相区

〔65〕 参见R. Nolan, *Property in a Fund*(2004)120 L. Q. R. 108;另参见前注27中Lee, *Conceptualizing the Chinese Trust*,667-8。

分。那么第 15 条就是多余的。针对这一观点,笔者认为,由于第 15 条的其余部分涉及处理委托人的债权人是否可以对信托财产提出请求,所以,提及区分的要求仍可澄清,一旦委托人的财产被置于信托之下,这些财产就不在委托人的债权人的请求范围之内了。[66]

209 因此,即使信托财产归受托人所有,第 15 条也不是多余的。

B. 受益人的权利

《信托法》未明确的另一个方面是受益人权利的性质。信托法明确赋予受益人向受托人提出索赔的权利。针对受托人,除另有约定外,受益人有权按照信托文件的规定享受信托利益,[67] 有权获得有关信托账户和信托管理的信息,[68] 有权在因未能预见的特别事由,致使信托财产的管理方法不符合受益人的利益时,要求受托人调整该信托财产的管理方法,[69] 并且有权要求获得违反信托的救济。[70] 此外,对第三人,受益人有权排除第三人干涉其享有利益的权利。[71] 这些权利的来源是法定的,只能是受托人强制执行的权利,并且是更简单的权利要求。然而,排除第三方干涉受益人利益的权利,可对第三方强制执行,具有所有权特征。

因此,值得思考的是,后者有权排除干扰的这项权利不仅是一项物权,还是一项债权。

210 虽然受益人的信托受益权在受信托文件的限制下可以依法转让

〔66〕 但债权人在信托成立前已对财产享有优先权的除外,参见《信托法》第 17 条第 1 款。

〔67〕 参见前注 3 中《信托法》第 45 条。受托人有义务将信托资产分配给受益人,见《信托法》第 34 条。

〔68〕 参见前注 3 中《信托法》第 20 条。

〔69〕 同前注,第 21 条。

〔70〕 同前注,第 22 条。

〔71〕 同前注,第 22 条、第 49 条。

和继承,[72]亦可以用于清偿债务,[73]但这些特征并不能确定该项权利是一项物权。债权也能满足这些特征,但显然不是中国法律中的物权。中国《物权法》第 2 条第 3 款将物权定义为“依法对特定的物享有直接支配和排他的权利,包括所有权、用益物权和担保物权”。由此可知受益人的权利不符合这样的定义。很明显,《信托法》并未赋予受益人直接控制相关信托财产的独占权。正如上节所述,信托财产的所有权归委托人或受托人所有。由于用益物权必然涉及给予用益权者占有权,但是经常占有信托资产的是受托人,因此受益人的权利不能被视为用益物权。[74] 同样地,担保物权以有关当事方之间的债权债务关系为前提,并赋予有担保的债权人一项“就担保财产优先受偿的权利(相较于无担保债权人)”。[75] 《信托法》并未规定针对信托财产受益人相较于其他信托债权人的优先受偿信托财产的权利。[76]

《信托法》第 16 条规定的相区分条款仅在于保护**信托**财产(同时保护受益人的权利)以对抗受托人自己的债权人(the personal creditors of the trustee)。 211

此外,《信托法》将受益人的权利规定为“在信托中”[77]或“按照信托文件”受益的权利,[78]避免将其表述为对相关信托资产可直接强制执行的权利。同时,《信托法》也没有颁布 *Saunders v. Vautier* 规则的任何条款,[79]该规则赋予相互之间绝对有权获得信托而且具有完

[72] 同前注,第 48 条。
[73] 同前注,第 47 条。
[74] 参见前注 37 中《物权法》第 117 条。
[75] 同前注,第 170 条。
[76] 虽然《信托法》没有规定,但是,受益人的请求权似乎要从属于信托债权人对信托资产的物权(也许还有个人债权)。
[77] 参见前注 3 中《信托法》第 43 条。
[78] 同前注,第 45 条。
[79] Saunders v. Vautier(1841)4 Beav 115. 即使有这样一条规则,也不意味着受益人对信托财产拥有物权;他们只是行使终止信托和强迫受托人转让财产的权利。

全人格的受益人终止信托并迫使受托人将信托财产转移给他们的权利。唯一一个信托财产明确或被视为归属于受益人的情况——即使受益人不是名义上的所有权人——是当信托终止且信托财产所有权转移给受益人的时候。[80]

目前的分析表明，受益人的受益权是一项具有请求权性质的权利，而非物权。话虽如此，但是它至少在三个方面强于典型的请求权，例如，合同权利或债务。第一，由于信托财产不受受托人自己的债权人的请求影响（因此被隔离保护），所以，受益人的债权不会受到受托
212 人自己的债权人的债权任何影响。如果没有这样的隔离，受益人的债权就会和其他债权一样，从属于受托人持有的单一资产池或财产中的物权。第二，在特定情况下，受益人可以对因受托人未经授权处分而获得信托财产的第三方行使其权利。第三，其权利标的不限于信托中的原始财产或金额，还包括不时（合法或非法地）替代原始财产的资产。这就意味着如果通过投资，将信托基金从 1 万元增加至 10 万元，那么受益人有权要求获得增加的金额。

首先，虽然《信托法》没有明文规定要设立独立的信托财产，但是这可以通过结合几项重要条款来实现的。《信托法》第 15 条和第 16 条规定，信托财产与受托人和委托人（个人的和其他的）财产相区别。[81] 更重要的是，《信托法》第 17 条加强了这一点，除非是根据该条第 2 款规定的受托人由于处理信托事务所产生的债务，信托债权人不得对信托财产提出债权请求。[82] 换言之，信托债权人有权对信托资产提出债权请求。

213 虽然《信托法》并未明确禁止受托人自己的债权人对信托资产提出债权请求，但是笔者认为第 17 条前款中的禁止性规定的范围是非

---

〔80〕 参见前注 3 中《信托法》第 55 条、第 56 条。

〔81〕《信托法》第 29 条实际上执行了这一规定。该条规定，受托人应分别管理信托财产和其他资产，并分别为其设置账簿。

〔82〕《信托法》第 37 条进一步规定：受托人因处理信托事务所发生的债务，以信托财产承担，受托人以其固有财产先行支付的，对信托财产享有优先受偿的权利。

常广泛的(除该款所列情形,不得对信托财产强制执行),足以排除受托人自己的债权人的债权请求。信托债权人被单独列入例外条款这一事实表明,《信托法》对受托人自己的债权人和信托债权人作出区分,受托人自己的债权属于一般禁止范围。

一旦接受信托财产与受托人的其他财产相区分的观点,就没必要将受益人的请求权视为物权,以解释为什么要保护它们不受受托人自己的债权人的债权或物权的影响。这种保护纯粹是因为受托人自己的债权人不可就信托财产提出任何请求权。由于他们从来不与受益人就同一资产池或财产进行竞争,所以受益人受到保护,不受受托人自己的债权人的影响。因此,受益人对受托人的请求由信托财产来清偿,而受托人自己的债权人则无此权利,这足以解释对受益人请求权的保护。在没有资产相区分的情况下,所有针对受托人作为债务人的请求,无论是受委托人自己的债权人还是与信托管理有关的债权人,都将从委托人的单一资产池中清偿。

其次,《信托法》第 22 条和第 49 条规定,受让人明知委托人违反信托而接受该财产的,应当首先撤销财产转让行为,然后归还信托财 214
产。如果财产已经毁坏而无法返还,则应当对受益人予以赔偿。[83]与中国法律的一般观点相比,在不存在导致违约的侵权行为(或任何民事过错)的情况下,这种责任严重背离了中国民法中的一般原则,它使信托(合同)的受益人可直接对第三方提出强制执行的索赔要求,因而比普通合同的保护范围更广。

当然,与普通法系的立场相比,可针对第三方行使的受益人的权利范围更为有限,因为只有明知违反信托的受让人才受此约束。除此之外,即使撤销权和随后的返还产权可以针对破产管理人执行,但是这些只是强制性的请求权(obligatory claims),只会使受益人处于和明

〔83〕《信托法》第 22 条授予委托人的权利,在第 49 条中扩大至受益人。

知受让人的一般债权人一样的地位。[84] 另外,追偿程度也不同。在普通法系中,即使第三方受让人无法返还最初获得的信托财产,但是,受益人也享有根据推定信托对所有可追溯的财产收益进行强制执行的权利(专有权利)。例如,如果一幅以信托方式持有的油画被第三方
215 违反信托而取得,然后卖给无辜的第三人,受益人仍然可以追溯无辜的第三人所持有的销售收益,并在它们之上设立推定信托。相比之下,在中国法律中,由于财产不能返还,受益人只对明知的第三方受让人有追索赔偿的权利,而这一权利只是一种典型的债权,受益人将与明知的第三方受让人的其他无担保债权人处于同一地位。

最后,关于信托财产的范围,《信托法》第 14 条规定,信托财产不仅包括初始因设立信托而取得的财产,还包括因信托财产的管理运用、处分或者其他情形而取得的财产。[85] 因此,信托财产明确扩展至对其合法使用所得的财产。此外,《信托法》第 26 条规定,受托人因(非法)将信托财产用于自己的目的而获得的任何个人利益也属于信托财产的范围。[86] 在这种有限的范围内,《信托法》含蓄地采纳了只有对受托人强制执行的推定信托。这种方式可以被分析为有两个组成部分:第一,它向受托人施加个人责任,要求他交出其利润(profits);第二,它执行了这一个人责任(personal duty)——换言之,它将应该做的事情视为已完成。虽然第一部分将受托人的补救义务从损失赔偿延伸到撤销收益,但它仍然涉及正统的对人权。然而,第二部分对受
216 托人的继承人和债权人产生了不利影响,因为它将这些本来只能通过受托人提出个人索赔(personal claim)得到的资产划拨至信托财产资产(the trust patrimony assets)。

---

[84] 为了取得优先于一般债权人的权利,债权人需要确立一项豁免权(如果他对破产人持有的特定财产有担保权)或取回权(如果他保留对资产的所有权),参见 2006 年的《中华人民共和国企业破产法》第 38 条、第 109 条(官方译本网址 www.npc.gov.cn)。

[85] 参见前注 3 中《信托法》第 14 条。

[86] 参见前注 3 中《信托法》第 26 条第 2 款。

Ⅳ　中国受益人的权利与“财产化”的个人权利

到目前为止,最能一致地解释《信托法》与司法裁判的分析认为,受益人的权利是对受托人的债权,以限制受托人应用其对信托财产的所有权与管理权。[87] 在有些情况下,受益人的某些权利是可以对抗第三方的。那么,受益人的权利是否符合中国民法上的制度?笔者认为,尽管受益人权利的具体内容是新颖的,但他们所属的权利类型并不新颖。中国存在对第三方可强制执行的债权,尽管它们不一定能以受益人权利的理论基础解释。

在中国法律中,民事权利分为财产权、非财产权(或人身权,personality rights)[88] 和混合权利,财产权又分为物权(对物权)和债权(claims)。一般而言,只有物权才能对抗第三方,而债权只能对抗债务人/债权人。然而,有一类被广泛接受的债权可以对抗第三方,笔者认为受益人的权利属于这一类,有几个例子说明了这些权利。 217

在普通法系中,已签订土地买卖协议的卖方以推定信托方式持有土地,以充分保障买方的期望利益。中国《物权法》通过预告登记制度取得了实质上相同的法律效果,该法第 20 条规定,买受人签订买卖房屋或者其他不动产物权的协议,为保障将来实现物权,可以事先向登记机关申请预告登记。[89] 预告登记后,未经预告登记的买受人同意而处分有关不动产的,除其权利消灭或者自能够进行不动产登记之日

---

[87] 就信托而言,如委托人保留对财产的权利,只是与受托人订立信托合同,则受益人的请求权是建立在受托人对抗委托人作为财产所有者且为受益人的利益而管理信托资产的权利之上。

[88] 这些权利包括健康权、姓名权、荣誉权、肖像权、名誉权和隐私权,这些权利通常受到《中华人民共和国侵权责任法》(以下简称《侵权责任法》)的保护。参见《侵权责任法》(2010 年),中华人民共和国主席令(第 21 号)第 2 条(译本网址 www. lawinfochina. com)。

[89] 为了实施《物权法》第 67 条至第 73 条所规定的关于相关登记的内容,《房屋登记办法》于 2008 年 2 月 15 日颁布,并于 2008 年 7 月 1 日起实施。

起3个月内提出登记申请外，该预告登记无效。诚然，可以说，买受人在登记时已按预期享有物权，因此，对抗第三方的是这种物权，而非合
218 同权利。在此意义上，受益人的权利并不完全类似于进行预告登记的购买者的权利。

相比之下，撤销权与受益人的权利最相似。中国《合同法》第74条规定，如果债务人通过放弃其到期债权、无偿转让财产，或者以明显不合理的低价转让给知情受让人而对其债权人造成损害的，债权人可以请求人民法院撤销债务人的行为。撤销的法律效果是该等行为被视为从未发生，因此第三方受让人需要将财产返还给债权人——如果不能返还，则要向债权人赔偿。在这一点上，就如同一名违反信托的受托人为了第三方利益而处分信托财产一样，债务人的行为违反了他对债权人的义务。因此，对不法行为知情的第三方将受无辜受害者的请求约束，其依据是对受害人合同请求的错误干涉或不当得利。根据这一分析，受益人的权利与撤销权属于同一类别，两者都是对第三方具有约束力的请求权。

V 结论

在司法实践中，《信托法》起草者出于对中国法律缺乏信托制度的传统、所有权不可分割原则及物权法定原则的考虑，选择将有关信托的重要问题留白。

219 这包括信托财产的所有权是否必须转让给受托人以及受益人权利的性质。笔者认为，由于《信托法》并未明确规定，所以，委托人可以选择将信托财产的所有权转让给受托人，或者将所有权保留在自己手中。信托在这两种形式下都是有效的，但后一种形式在保障信托的有效管理、受托人独立行使酌处权以及保护分离的信托财产不受委托人的侵犯（encroachment）方面，存在相当大的现实障碍。

尽管中国《信托法》存在诸多空白，但笔者认为仍然有可能将信托制度的权利引入中国的民事法律制度中。根据传统民法意义上的所有权不可分割原则，所有权可以归属于委托人或受托人，但受益人和委托人（或受托人，如果所有权属于委托人的话）的权利限制了所有权人对信托财产的权利。特别是，受益人将第三方排除在其对信托财产的实益享有之外的权利是一项可对第三方受让人强制执行的请求权。信托立法还可以进一步规定信托财产不受受托人自己的债权人的请求权的影响。因此，中国信托仍能实现与普通法系中衡平所有权概念大致相同的概念功能（conceptual function），尽管它的范围比普通法系中的衡平所有权概念要有限得多。理解了这一点，普通法系的信托就可以引入中国（或许甚至是一般的大陆法系），而无须牺牲所有权不可分割原则和物权法定原则。

这是因为，要使某项大陆法系中的权利具有与普通法系中受益人 220
权利大致相同的性质（尽管不是范围），给予受益人对第三方可强制执行的请求权就足够了，并没有必要引入分割所有权的概念。因为受益人的权利是属于民法已经承认的一类权利，而不需要创建新的权利
类别。 221

第六章　法国的信托：一个"睡美人"的混沌觉醒

弗兰克斯·巴利尔（François Barrière）*

I　介绍

信托制度，简单来说包括一个人（委托人）把财产性权利转让给另一个人（受托人），受托人有义务去履行特定的任务来帮助受益人。这

---

* 本文基于2008年9月12日在麦吉尔大学的一篇演讲，并从笔者的作品中获取灵感，尤其是 F. Barrière, *La fiducie. Commentaire de la loi* 2007 – 211 *du* 19 *février* 2007 (2007) Bull. Joly Sociétés 440 (1st part) and (2007) *Bull. Joly Sociétés* 440 (1st part) and (2007) *Bull. Joly Sociétés* 556 (2nd part); Barrière, *La loi instituant la fiducie: entre équilibre et incohérences* (2007) J. C. P. éd. E. 2053; Barrière, *La fiducie: brèves observations sur sa refonte et sa retouche par la loi de modernisation de l'économie* (2008) J. C. P. éd. E. act. 385; Barrière, *La fiducie-sûreté* (2009) J. C. P. éd. E. 1808; Barrière, v° "Fiducie", Rép. Civ. Dalloz, Paris, Dalloz, 2008。

种做法已经被使用很久了，[1]但却在罗马时代消失不见，原因就是它没能为它所带来的利益提供足够的保护。而在英国却恰恰相反，一种叫 trust 的制度在很多方面都和 fiducia 很像，它是由判例法从上到下塑造而来的，并在中世纪时期繁荣起来，此后一直不见衰退。直到最 222
近 fiducie 这个“睡美人”（Sleeping Beauty of the fiducie）才在法国从阴影中走出来，[2]尤其是因为英美信托法开始了对法国法律制度的竞争，而法国法律制度原来并不承认类似的制度。[3]

法律界（the Bar）强烈呼吁建立这种制度，这凸显了法国体制竞争力的差距。来自 trust 的竞争更是法律界尤为关注的。法国企业将业务转移到法国以外的地方，原因就是英美法系的信托能够更好地满足他们的需求。大陆法系国家（相当比例的拉丁美洲和南美国家，以及卢森堡、俄罗斯、黎巴嫩，当然还有魁北克省）中与信托类似制度的增长带来了额外的竞争。

虽然法国法律直到 21 世纪才正式创立信托（fiducie，下文如无特别说明，下文中的“信托”都译自 fiducie——译者注）制度，但我们显然不能认为这种制度之前没有存在过。诚然，没有一种制度被冠予此名，但事实上它们却已成为“无名的信托”，即便它们没有“信托”的名字，但却有着它所有的特征并遵守着它的规则（ordering）。“现款质押”就是一个很好的例子，它是指债务人将一笔钱的所有权转让给债权人以此来担保债务。另一个例子是债权转让，在“Dailly”法中，债权 223
人将债权转让于借贷机构以作为债务担保。欧盟指令 2002/47/EC（欧盟抵押担保物权指令）基于所有权的安全性也是如此规定的。的确，完全所有权（full ownership）的转让，尤其是金融工具的转让，被授

[1] 在英语里面，大陆法系的立法和理论作家们在他们的法律制度中更常用 trust 一词。然而，本文中使用的 trust 表示普通法系中的信托制度，而法语中 fiducie 是指大陆法系中信托的移植、改编和类似物。

[2] C. Witz, *La fiducie en droit privé français*, Paris, Economica, 1981.

[3] F. Barrière, *La réception du trust au travers de la fiducie*, Paris, Litec, 2004.

权作为金融义务的担保。[4] 总之,尤其是在金融和银行部门中,在特殊标签的掩护下不断接近官方的灰色地带,从业者已经从立法者那里获得了法国法律中的信托这一产物。诚然,这不是官方使用的术语,但结果是从业者所希望信托具有的特征(所有权的转让和特定目的的拨款)不断被展现和证实。显然,法律文书的倍增并不是件好事,作为法律来源和信托的一部分,在"有名"的(nominate)信托和无数的无名的信托之间,对于信托来说只有一个规则就已经足够了。

20 世纪 90 年代上半叶,各种徒劳的尝试先是受到对税收担忧的制约,接着是当税务立法部门宣布不再反对引入信托时,司法部却对其法律性质表示反对。最后,参议员菲利普·马利尼(Philippe
224 Marini)于 2005 年 2 月 8 日提出了一项议案,将信托重新提上了议程:这个话题对法国法律来说就像小说中一个经常被谈论却从未露面的角色。

这项法案于 2007 年 2 月 19 日成为 2007 - 211 号法案,并在《民法典》中引入了一个新权利。尽管在立法机关的辩论很简要,但颁布的法律基本上是根据草案原文做出的。

不仅如此,这项制度的诞生在某种程度上纯属偶然。立法机关专门留出一部分时间用来对一项关于集体诉讼法案进行讨论,法国总统还在他向全国发表的新年讲话中将其列为国家优先事项。但由于议会中的政治团体和代表雇主的组织之间未能达成共识,使其未能按照当时的命令出现。在一些媒体评论家看来,两者之间的裂缝需要尽快填补,至少要避免任何对议会的工作量产生怀疑的可能性。由司法部重新修订的关于信托的草案已经准备就绪,但要把它转变成一项法案还需要花费很多时间:需征询法国司法部(the French State Council)的建议并提交给内阁。参议员马利尼提出了一项经过很大幅度修改并

---

[4] 在满足某些当事人的属性和金融义务来源的一定条件的情况下,参见 art. L. 211 - 36 Code monétaire et financier(C. mon. et fin)。

实施的法案,而关于信托的争论也正是基于此法案。[5]

在这种新环境下,信托便开始被应用了。前两部关于信托的制度于 2008 年 2 月颁布,[6]也就是在《信托引入法》(the Law Introducing the Fiducie)颁布一年后。[7]

两者都采取了担保信托形式。其中一种信托包括委托人和受托 225
人,以确保某些事项(undertakings)能够有利于该等委托人的雇员。另一种信托是建立在一家正在面临困境并欠下一笔税收债务的公司(委托人)、法国外贸银行(the Natixis Bank)(受托人)和国家(the state)(受益人)之间。这再次证实了该制度对实际需要所作出的反应。

随着信托成为法国的一道风景,人们对于它的用途有了新的认识。因此,虽然法国经济在受到 2008 年 9 月和 10 月的全球国际金融危机冲击后变得岌岌可危,但人们仍然认为如果能将油价上涨带来的意外之财投资于法国,那么法国则能够提供一种摆脱困境的方式,否则这种复苏似乎不会很快到来。法国像其他国家一样(尤其是英国)对遵守伊斯兰教法的伊斯兰经济呈现出来的潜力而感兴趣(尤其是其关于利益之禁止的规定)。经济、财政与工业部部长们认为信托机制可以满足他们的要求。信托的实际应用,无论是现在还是将来,都展示出了它极强的通用性。

这部法律使信托从它以前的影子中摆脱出来,但直到 2007 年它才小心翼翼地走到阳光下。

诚然,该制度的设立符合 1985 年《海牙信托公约》中对于信托(a 226

---

〔5〕 参议员提出的议案,不需要征询法国司法部的咨询意见。

〔6〕 *Coup d'envoi pour les trusts à la française*, Option finance, n° 968, 18 February 2008, p. 5.

〔7〕 Loi n° 2007 – 211 of 19 February 2007. 但是,在没有系统的 fiducies 制度被颁布的情况下,很难确定两个 fiducies 哪个在先哪个在后以及是否有其他制度会随之颁布。

trust)的定义。[8] 也就是说,“首先这些财产构成一个单独的基金,而不属于受托人自己的财产”。其次,“信托财产的产权(the title)在受托人的名下”。最后,“受托人有权并有责任根据信托条款和其他法律赋予的特殊职权来管理、使用或处置这些财产”。[9] 然而,即便是fiducie的适用领域已经扩大了,但它仍然远比trust的适用范围要小得多。

2007年2月,法国颁布了一项关于信托的法律,2008年8月4日的一项法律又扩大了其可适用的领域。而后又于2008年12月18日通过一项条例,更改了其在集体诉讼程序(如司法重组或清算)中的运作方式。适用于自然人设立的信托制度在2009年1月30日中的条例中有所规定。2009年5月12日的法律修改了担保信托的某些规定,这些规定是在几个月以前颁布的关于规制之清算的一些规定,它
227
曾一度在2007年被人遗忘。2009年春天,在对关于法律简化的议案正在争论时,参议员马利尼提出了一项关于修改信托法律规则的修正案,[10]但并未获得通过。然而,在讨论《促进中小企业获得信贷的法案》时,参议员马利尼于2009年5月26日又提出修改《民法典关于信托的规定》的议案。虽然《促进中小企业获得信贷的法案》最后未被宪法委员会通过,但马利尼关于修改《民法典关于信托的规定》的议案却获得了通过。总之,关于信托法律规则的不断变化(平均两年一次)证明了现代法律普遍的不稳定性;或许,在适应其环境的过程中,像法国的信托规则这样独特的制度所面临的困难也是如此。考虑到法律规定的建立全国信托登记册的法令(主要是作为政府部门和机构进行核查的基础)只在2010年3月颁布,这些常规的立法条文就更加奇怪了。

---

〔8〕《民法典》第2011条规定,信托是一个或多个委托人为履行义务而转让财产、权利或保证的安排,或是一个或多个受托人的财产、权利或担保的集合,无论是现在还是将来,这些受托人将它们与自己的财产分开,为一个或多个受益人的特定的目的而行事。

〔9〕参见1985年《海牙信托公约》,第2条。

〔10〕N°145 rect. of 18 March 2009.

尽管法国的信托制度(见下文第Ⅱ部分)逻辑清晰,但它的产生过程是比较混乱的。开始只有一小部分信托看到了曙光,但从那以后它的范围便扩大了。刚开始时信托法的应用领域受到严格的限制,但是不久后就被放宽了(见下文第Ⅲ部分)。令人遗憾的是,即使随着一系列成功立法变化而改进,或是通过信托合同(the contract of fiducie)中 228
的规定来缓解(见下文第Ⅳ部分),《信托引入法》内部仍存在某种程度的缺乏一致性的缺憾。

Ⅱ　一个清晰的逻辑

《信托引入法》采用了平衡逻辑的方法(见下面 A 小节),即使结果上某些基本概念看起来被颠倒了(见下面 B 小节)。

A. 一个明显的平衡

《信托引入法》首先在形式主义和合同法复兴之间寻找一个中间地带。为防止被认定为无效,信托必须以书面合同的形式建立,合同必须包括规定某些特定的条款。[11] 该合同必须在政府登记簿上登记[12]以避免倒填日期的风险,也为政府审计提供有用的信息。但除此之外,合同应当自由地促进受托人完成其所受托的任务,例如,为其管理之需要可以做权利转让或者将该等权利作为担保(或两者兼而有之)。

尽管不少人说了很多关于信托制度的坏话,但这部法律仍试图使信托制度不违反公共秩序。信托制度——就像其他任何法律制度一样——不应该作为规避法律基本原则的一种方式,这部法律的一些规

〔11〕 Article 2008 Code Civil(C. civ.).

〔12〕 Article 2019 C. civ.

229 定倒是意在防止这种情况的发生。出于此种考虑,限制了信托合同有效期限的最长时间(最初为33年,2008年8月4日的法律改为99年),也为了避免财产无法转让的风险和减少对财富自由流通的限制。对维护公共秩序的考虑,能推测出受托人、委托人/受益人(a settlor-beneficiary)行为的一致性。[13] 这一推测旨在保证金融市场的透明度和全面披露,防止委托人利用受托人作为中介,秘密地在上市公司中持有头寸。通俗地说,除本法的规定外,信托将无法规避适用于有关事项的公共秩序规则。例如,在公司法中,为了规避有关公司证券持有的规则而设立的受托人,应接受法律规制,即强制地使其遵守规则——更一般地说,创建了信托的公司不得不那样做,以实现自己的利益和目标。为了控制信托对于破产和保护公司财产或是支持企业重组方面的规则有一定损害的风险,2008年12月18日的条例限制了在保障期间(the period of safeguard)或在法院监督下的重组期间实现这种担保的可能性(事实上,当委托人保留使用或享有信托文件中所列的财产时,该条例就禁止该等行为);但是,在有法院监督的清算中,
230 信托可以完全地发挥作用,即允许有法院监督的清算中,担保信托证券的债权人/受益人(creditor-beneficiary)在清算投入受托人的财产时直接获赔,而不必和其他债权人一样提出索赔。

该法律意图实现平衡,并且也有打击洗钱的目的。因此,只有熟悉财务转移(financial transfer)之监督,并熟悉如何向有关当局报告可疑交易的人才能成为一名受托人。[14]

打击税收欺诈运动解释了为什么财产赠与人必须居住在欧盟的成员国内,或是与法国达成避免双重征税的税收协议以及提供打击税收欺诈和逃税之行政协助的国家。该法的法律条文力求更广泛地防止逃税:尽管财产所有权从委托人转移到受托人,但就直接征税

〔13〕 Article L. 233 - 10,5° Code de commerce(C. com.).

〔14〕 Article 2015 C. civ.

(direct taxation)而言，委托人仍然被视为已经转移到信托名下的财产的所有人。因此，确保了这些安排的税务中立性。对赠与信托(利用信托进行无偿的转让)的禁止无疑确保了该法获得通过，并避免了财政部的否决。

对于那些希望进行某些检查的政府部门和机构来说，国家信托登记处将是一个有用的信息来源，在更详细的层面上，税务当局有审计权和知情权；因此，他们可以要求直接有关的各方(如委托人、受托人、 231
受益人)提供与信托合同有关的任何文件，也可以要求有权就信托合同作出决定的任何人提供文件。向税务当局宣布该信托的存在也将使他们能够知晓信托设立之事实，并进行他们认为有用的任何调查。

由于审计员的专业参与以及其有义务向检察官办公室报告其所注意到的任何非法行为或疏忽，因此无论委托人本身是否受到这一要求的约束都会产生保护作用。

向受托人转让权利给债权人带来了风险。下面分析了主要情况，以及它们所发挥的保护作用。

在权利转移到信托的范围内，已经减少了可用于担保委托人的债权人的资产。然而，当信托损害债权人的权利时，债权人将受到保护。如果信托是在欺诈[滥用性之损害(abusive impairment)]其权利的情况下创建的，那么该信托容易从其基础上受到法律的制裁；[15] 这是《民法典》第1167条的一般撤销权(Paulian)诉讼方式的一种应用。如果该信托是在可疑期间成立的，即在债务人不再履行其通常应尽的义务，但在集体诉讼(collective proceeding)开始之前设立的信托，原则上将无效。[16] 那些有追索特定资产的权利的债权人，仍可行使其追索权。实际上，委托人的债权人在委托人的资产转让至信托的情况与该 232

〔15〕 Article 2025, paragraph 1, C. civ.

〔16〕 Article L. 632 - 1, paragraph 2, C. com.

等资产被出售时的情况并无太大不同:在这两种情况下,委托人的债权人都无法再获得该等财产。

至于受托人的个人债权人,他们的风险在于被信托财产给受托人带来的支付不能的表象所欺骗。由于受托人办公室是专为银行机构和律师协会成员设立的,因此在实践中不应出现这种问题。无论如何,个人账户和受托账户的独立记账将提供一种区分相关资产的方法。

如果第三人与受托人以该方式签署合同,例如,签署合同以购买信托中持有的资产,则在受托人超越其权力的情况下,该等第三人可能面临风险。《民法典》第 2023 条规定了对受托人在其职权范围内的行为的推定,从而使他们具备了这种可能性。因此,如果受托人有不当的越权行为,这些第三人将不承担后果,除非该等第三人知情,否则不得让他们承担不利的后果。因此,第三人不需要验证受托人的权力。在这方面,该条款通过保护第三人而有利于市场交易,第三人无须确保受托人的行为符合受托人的目的。这种法律推定是合乎逻辑的:不是让对信托很陌生的第三人,而是让委托人承担受托人越权的后果。此外,受托人有义务声明其以该身份行事,以确保债权人得到通知,就像提到他持
233 有权利的能力一样,这些权利的转移必须公开(如在土地注册处公开)。

B. 一个明显的颠覆

从表面上来看,《信托引入法》颠覆了民法的两个基本概念;财产和信托财产(property and patrimony)。实际上,这种变化肯定没有看上去那么大,并且可以应对法律上的反对意见。

所有权问题将首先解决。在明确引入信托的法律颁布之前,信托常常是被遗忘的,但由于经常否认受托人所有权的可能性,信托制度也经常受到质疑和歪曲。委托人通过某些形式将财产的所有权转让给受托人来管理,这种形式已很少在与其他制度并存时而为人所理解了。例如,立法者拒绝将某些设计定性为信托转让(fiduciary alienations),而宁愿使用"委托"一词,这种做法同时也扭曲了后一种

制度的本质。因此,共同基金最初基于“委托”给这些基金投资者以一个不可分割的共同所有权,但这些“委托人”(mandators)缺乏《民法典》所赋予的特权,他们的共同所有权并未遵守民法的一般规则。最近的一个创造是“在死亡时生效的委托”,是指由在“委托”生效当天不再是该财产所有者的人授予,这一“委托”剥夺了彼时将成为物的所有者对财产的管理权。[17] 相比之下,根据一般的关于委托的法律规定,委托者并不被剥夺其权利。

至于法院,他们过去曾将担保信托降位为承诺付款条款的承诺 234
(pledge),[18]今天他们重新将之定义为服务于担保的、请求权转让的承诺。[19] 这些拒绝将交易定性为信托的做法值得商榷:它们否认所有权的转让,即使有所谓的“委托”存在而委托人却不再是权利的所有者。至于上文中所谓的“承诺”,它涉及所有权的转让(符合当事各方的意图,但与正常的承诺相反)。所有权的转让也被法院错误地描述为一份反函(counterletter,即一份模拟合同或虚假合同),[20]即使委托人的意图不是授予受托人以模拟财产(a simulated property),或通过两个矛盾的书面文件来创建一个虚假的表象。承认受托人所有权的事
实,其困难毫无疑问来自特殊情况下,一个人获得所有者的权利,但只 235

---

〔17〕 2006年6月23日修订的《继承与赠与法》(Successions and Liberalities)引入了这种授权制度。根据对该法的说明可知,这种制度的引入是为了满足建立与别的国家所拥有的遗嘱信托类似制度的需要。以下这些文章的作者都将这种制度定位为信托(fiducie):M. Grimaldi, *Le mandat à effet posthume* (2007) Déf, 01/07, article 38509, n° 5, and Grimaldi, *Présentation de la loi du* 23 *juin* 2006 *portant réforme des successions et des libéralités* (2006) 2551 Dalloz n° 4。

〔18〕 Civ. 1°, 8 July 1969, J. D. I. 1970. 916, note by J. Derrupé; Rev. crit. D. I. P. 1970. 75, note by P. Fouchard.

〔19〕 Com. 19 December 2006, D. 2007. 344, note by C. Larroumet; J. C. P. éd. E. 2007. 1131, note by D. Legeais; J. C. P. éd. G. 2007. I. 10067, note by D. Legeais; R. T. D. civ. 2007. 160, n° 3, obs. by P. Crocq; J. C. P. éd. G. 2007. I. 161, n° 16, obs. by A. -S., Barthez; L. P. A. 27 February 2007, p. 10 ff., note by S. ‘Prigent; L. P. A. 12 March 2007, p. 5 ff., obs. by M. -E. Mathieu.

〔20〕 Civ. 26 July 1905, D. P. 1906. I. 136; Grenoble, 19 July 1905, D. P. 1906, 2, 137, 支持上述判决的有(upheld by) Req. 31 July 1906, D. P. 1907. I. 478。

拥有前任所有者拥有的一小部分权利的情况。

《信托引入法》考虑了权利的转让。在2009年5月通过的修正案(但由于技术原因被宪法委员会撤销了)中,《民法典》明确地将受托人所接受的权利定义为所有权——鉴于法国法院对这一问题的错误描述以及鉴于其他法律体系(尤其是魁北克省的法律)在这一问题上所经历的困难,这种选择是恰当的。除了这个失败了的明确定位之外,这是当初应该首选的解决方案。无论如何,立法程序(the proceedings of the legislature)对受托人进入信托的财产的所有权没有任何质疑。[21] 在实践中,受托人是很有可能成为所有者的。的确,某些理论认为,委托人拥有信托财产的物权,或者该等信托财产的物权只属于受益人,这就存在这样一种风险,即这些信托财产将被这些当事人的债权人取得:这样,信托基金将成为区分这些资产更好的工具。然而,随着信托的设立,由一般法,特别是《民法典》第544条所界定的所有权,就变成了一种由目的所界定(shaped)的所有权。[22]

236 受托人的所有权受时间限制:它不是永久的,也不会是绝对的,因为它仅限于赋予受托人的权利:受托人的权利只限于所有权所赋予委托人的权利中的某些权利(因此那些权利在委托人处则临时性地处于休眠状态)并要符合委托人的目的。与《民法典》第544条所规定的所有权的一般类型相反,法律没有定义受托人所有权所产生的权利或权力。但这是可以理解的,因为由某特定的受托人所有权所产生的权利永远不会与另一个受托人所有权所产生的相同,这取决于信托合同的规定和受托人必须追求的目标。此外,根据《民法典》第2018条的规

〔21〕 即使是在委托人为了大多数直接税的目的而被认为仍然是权利持有人的情况下也是如此。这使所有者的法律地位和其负责支付相关税款的状态相脱离。

〔22〕 Prof. Cantin Cumyn sees what is transferred as more of a legal power than a right of ownership: M. Cantin Cumyn, *Le pouvoir juridique* (2007) 52 McGill L. J. 215, 227 ff.; Cantin Cumyn L'avant-projet de loi relatif ù la fiducie: un point de vue civiliste d "Outre-Atlantique" (1992) chronique XXIII Dalloz 117. See also Cantin Cumyn, *Les droits des bénéficiaires d'un usufruit, d'une substitution et d'une fiducie*, Montreal, Wilson & Lafleur, 1980, n°. 98, p. 69; and Cantin Cumyn, *La propriété fiduciaire: mythe et réalité*? (1984) 15 R. D. U. S. 7, 12.

定，信托合同必须规定相应的权利和目标。另外，与普通的所有权一样，受托人所有权将是排他性的。受托人将在无任何竞争者的情况下，行使与信托有关的权利。可以将使用权、收益权和处分权转让给受托人；然而，受托人只有在实现信托目标过程中才能使用这些权利。 237

这种暂时的和有限的所有权不同于普通的所有权；因此，受托人确是所有者，但他必须对他行使权利的情况负责。[23] 此外，受托人如果改变信托财产的用途（divert）或挪用信托项下的财产，应以违反信托义务为由而被要求承担法律后果，因为他此前已同意对该等信托财产做确定之利用。

现在来谈谈财产。《民法典》第 14 章专门规定了信托，但并没有明确地将其定义为一种财产。毫无疑问，信托财产是一种财产。相反，与会计有关的条款是那些在运用这一特性时十分谨慎的条款——这里有一个新的悖论：与会计（accounting）有关的法律澄清（clarifies）了民法的一些规定。[24] 这种定性是很重要的，因为如果没有这种定性，第三人就会把信托财产和受托人拥有普通所有权的其他财产相混淆（则受托人的个人债权人将获取该等信托资产）。因此，对受托人的集体诉讼不涉及对受托人个人拥有的权利和受托人在信托下所拥有的权利的分配。信托财产将对信托债务（fiduciary liabilities）负责。这种由占有而产生的财产违反了每人有且仅有一种财产的原则。

从此以后，同一个人可以有多种财产（她的个人财产和一个或多个信托财产）。但与法国法律这一已很好地确立的原则决裂的程度绝不能被夸大：一个人也可以利用一个法人作为中间人，将其部分财产用于某一特定目的，从而实现对资产的分置（appropriate）——在她的个人财产之外去追求一个具体的目标。这也反映在证券机构在"隔离池"（compartments）中所持有的资产中，这些资产只对与那个隔离池 238

---

〔23〕 Article 2022 C. civ.

〔24〕 Loi n° 2007 - 211 of 19 February 2007, article 12(I)："在《民法典》2011 年第 1 条所述经营范围内转移的资产和负债，以分置形式构成财产。"

有关的债务负责。[25] 2010 年 6 月 15 日通过的一项法律所引入的有限责任个人企业(limited liability individual enterprise)制度也打破了财产的统一性。甚至有可能争辩,财产的统一性并没有真正受到信托财产的威胁:受托人的个人财产将继续对其个人债务负责,而因为信托财产不是为了使受托人个人受益,[26] 因此信托财产作为受托人的财产就不必对受托人的个人债权人承担责任。[27] 与现行魁北克省法律的解决办法相反,信托财产不是自治的,因为信托财产与受托人有关,受托人对已交付信托的财产的物权享有权利(这简化了登记,特别是在土地登记中)。

239 信托财产也没有法律人格。[28] 无论如何,不久之后信托财产可

---

〔25〕 Article L. 214 – 43, paragraph 1 Code monétaire et financier (C. mon. et fin.).

〔26〕 在这种情况下,信托不会对受托人有利。

〔27〕 关于此点,参见 M. Grimaldi, *La fiducie: réflexions sur l'institution et sur l'avant-project de loi qui la consacre*, Paris, Répertoire Defrénois, 1991, article 35085, 35094, n° 22。

〔28〕 根据一位笔者的观点,赋予信托以法人资格将会避免它对所有权概念造成的过于实质性的矛盾。参见 M. Cantin Cumyn, *Rapport général*, in Cantin Cumyn, eds., Trust vs Fiducie in a Business Context, Brussels, Bruylant, 1999, p. 87。也参见 Cantin Cumyn, *La personne morale dans le droit privé de la province de Québec*, in Droit contemporain 1990, rapports canadiens au Congrès international de droit comparé, Montreal, Yvon Blais, 1992, p. 44; Cantin Cumyn, *La fiducie, un nouveau sujet de droit?* in J. Beaulne, ed., Mélanges Ernest Caparros, Montreal, Wilson & Lafleur, 2002, p. 129。上述文献可与以下文献对照阅读:P. Lepaulle, *La notion de trust et ses applications dans les divers systèmes juridiques*, Actes du Congrès international de droit privé, vol. 2, L'unification du droit, Rome, Éditions Unidroit, 1951, p. 197, and P. Lepaulle in "Débats", p. 153, following J. D. Bredin, *L'évolution du trust dans la jurisprudence française*, in Travaux du Cornité français de droit international privé 1973 – 75, Paris: Dalloz, 1977, p. 137。在这些文献中,雷柏奥利(Lepaulle)以法人性质对信托进行了分析,该等信托由一个负责管理信托的受托人代表,并断言信托受益人是利益的持有者,并补充说,他们就像公司的股东一样,也拥有特殊权利。雷柏奥利又补充说[在后文中, p. 154:"凭借判例法的全部力量,盎格鲁 – 撒克逊人建立了自己的法律体系,却从未详细解释过……一个真正的法人。"],还请参见 Lepaulle, *Réflexions sur l'expansion des trusts. Remarques à propos du livre de M. Claude Reymond sur 'Le trust et le droit suisse'* (1955) 7 Revue internationale de droit comparé 318。关于雷柏奥利在信托和公司(corporation)之间进行的对比,参见 Lepaulle, *La condition des sociétés étrangères aux Etats-Unis d'Amérique*, Paris, Rousseau, 1923, p. 25 ff。这一观点可以与雷柏奥利的早期论文比较来看,在其早期论文中,他将信托看作一种被配置的财产,而该等财产是没有任何持有人(holder)的:Lepaulle, *Traité théorique et pratique des trusts en droit interne, droit fiscal et droit international*, Paris, Rousseau, 1932。

能不再是财产统一性的唯一例外。

2008 年 11 月国民大会的一份报告建议将财产配置作为一般性的法律予以接受，并建议政府可以起草一项法案，允许个人（特别是熟练的商人）在营业过程中，选择财产配置作为他们的业务结构。 240

Ⅲ　扩张中的小规模信托

起初，《信托引入法》严格限制了这种法律技巧的范围：只有受法国公司税法管辖的法人才能成为委托人，受托人办公室只能设在金融机构，而且信托的目的不能包括所有权的无偿转让。2008 年 8 月 4 日颁布的《经济现代化法》放宽了这些限制，主要针对委托人（见 A 部分）和受托人（见 B 部分）。然而，它没有重申禁止使用信托制度做无偿转让，但保留了对使用信托的限制，因此该制度的普适性（versatility）仍然不应该被夸大（见 C 部分）。

A. 委托人：从异端到理性

在开始的时候，对于信托的适用范围有严格的限制。首先，对可能涉及的人员有限制。只有被征收法国公司税的法人才能成为委托人。因此，一个自然人不能设立信托，虽然有关税收中立的规定和禁止将信托作为无偿转让之应用的规定足以减轻对逃税的任何恐惧。

这种排斥（exclusion）甚至更令人吃惊的是，在《信托引入法》出现在官方公报之前，就讨论了允许自然人设立信托的权利的问题，这是“关于对成年人的保护监督法案改革辩论”的一部分。这一条款在 2007 年没有生效，这表明财政部和金融与经济部一直在担心逃税问题。 241

在议会辩论时，司法部部长指出：

将自然人排除在委托人之外的原因之一,是出于税收方面的需要,信托不应被自然人作为减少应税额的工具。然而,我不认为只靠消除设立信托资格的恐惧就足以让我们防范这种风险。[29]

这个论点很难令人信服。如果所有关于废止(annulment)的条款不足以使我们免受风险的影响,则可以建议取消它们。在任何情况下,这种担忧本可以在税法领域得到充分解决:一方面,通过依靠设计的透明和中立原则来解决(对于私法来说,所有权发生转移,而不是假设的;对税法而言,所有权也发生了转移,而这一点特别地表现在确定税基和谁是应税主体方面);另一方面,通过禁止以无偿赠与的方式设立信托来解决。

242 当然,政府并没有单独提出这方面作为限制的理由。它给出的另一个理由是“避免对有利于自然人的担保交易法的保护性规则提出质疑”。[30] 很难理解为什么在作为担保信托而转让所有权的情况下,自然人的风险会高于当事人依赖所有权保留的情况——最常用的保留所有权条款或权利保留的条款。政府还解释说,限制是为了避免由于信托的影响而规避有利于受保护监督的成年人的特殊规则与继承有关的规则,以及保护继承人凭借保留部分而拥有的权利。[31] 与其他制度相比,信托的契约性质为何会更容易导致破坏公共秩序的情况出现呢?而无论违反公共秩序所使用的手段是什么,都会导致由同样的措施以维护公共秩序的结果。

政府最初的反对意见几乎没有持久力,因为它们太具有争议。2008 年 8 月 4 日的法律消除了这一区别,允许任何人成为信托的委托人。这种方式带来的问题仍然值得怀疑:参议员马利尼的提案规定,

---

〔29〕 Pascal Clément, *Minister of Justice*, *Debates of the Senate*, 17 October 2006.

〔30〕 由国民大会成员泽维尔·德·鲁(Xavier de Roux)先生于 2007 年 2 月 1 日以共和国宪法、立法和行政委员会名义向国民大会提交的第 3655 号报告,第 38 页,载 www.assemblee-nationale.fr。该报告概述了政府的立场,在这一点上,政府的立场是至关重要的。

〔31〕 同前注。

任何人都可以成为信托的委托人，然后政府在对该法律投票时反对这 243
一做法；但不到一年的时间，政府又作出让步，允许了这一做法，但是，从三个方面来看这种转变是幸运的。

首先，允许自然人签订信托合同的逆转可以让他们发现这种好处。在我们印象中，潜在的委托人往往是各种商人，如熟练的商人、店主、小型企业的所有者，这些认为信托很有用的人。而属于"弱势群体"（vulnerable）的人（老年人、病人或残疾人）则希望通过指定受托人来减轻管理其财产的负担，现在他们的愿望也能够实现了。[32] 该制度完善了一系列可供使用的条款，其中还包括为了未来保护而实施的委托，在更具体的范围内还包括在死亡时生效的委托。后两种情况，每一种都被一些人认为是信托，[33]偶尔也会受到从业者的冷遇。[34]

如果提名的受托人能更好地满足他们的期望那就很有趣了，即使 244
在禁止以无偿赠与而设立信托会限制与在死亡时生效的信托的竞争范围时也会如此。这一变化还允许不缴纳公司税的法人在其经济活动中利用信托制度。

其次，这种逆转是幸运的，因为它消除了各类人之间的能力差别，这本身也不是那么令人期待的；此外，这种区别是法国法律所特有的，

---

〔32〕 E. Fresnel, *La fiducie et les personnes vulnérables*（2005）R. J. P. F. 28，该文也刊于（2005）*L. P. A.*，March issue，8；B. Hohl，*Une seule fiducie，ça suffit*！（2005）Gaz. Pal. Doctr. 2；Hohl，*Exclusion critiquable des personnes physiques comme constituants de fiducie*（2007）E. J. C. P. 2052；也请参见 F. Sauvage，*Réflexions sur les opportunités offertes par la fiducie aux fins de gestion du patrimoine de la personne vulnérable*（2009）May issue，8 ff。

〔33〕 2006 年的《继承与赠与改革法》（the Law Reforming Successions and Liberalities）引入了授权在死亡时生效的制度。根据该法的理由说明，这种制度的引入是为了满足应对其他国家存在的继承信托（succession trusts）制度的需要，参见 M. Grimaldi，*Le mandat à effet posthume*，Paris，Defrénois，2007，article 38509，n°5 以及 Grimaldi，Présentation de la loi du 23 juin 2006 portant réforme des successions et des liberalités'，Dalloz，2006，2551，n° 4，上述笔者都将这种制度界定为信托制度（fiducie）。至于这种制度的未来保护问题，也是与信托联系在一起的，参见 I. Omarjee，*Bref aperçu des mandats de protection future，de fin de vie et à effet posthume*（2007）Droit et patrimoine，March issue，20，21。

〔34〕 参见前注 32 中 Hohl. *Exclusion critiquable*，n° 14；F. Fresnel，*La personne protégée et le mandat à effet posthume*（2008）Droit et Patrimoine，April issue，5457 ff。

其方式倾向于孤立这一法律而不是支持它的影响。《民法典》中提到受法国公司税管辖的法人(根据法律的规定或他们的选择),使这些条款不相协调而且削弱了其实用性。在这种情况下就造成了法国公司税法很难再约束法人。该法律关注的,是在这种情况下,法人对纳税的选择权利被撤销,即使这种选择仅在一个非常特殊的情况下是可撤销的。但是,该法对于委托人被不受本税种约束的法人合并,或委托人转变为不受本税种约束的实体这两种情况所产生的后果没有给予多少指导。这种差别的存在引起了许多不确定性;但现在已经被消除了。

245 最后,这一区别的消除使法国法律更具吸引力。事实上,《信托引入法》本应是这一运动的一部分,但立法者本身阻碍了这一潜力。通过要求委托人必须是受法国公司税法约束的法人,法律似乎禁止任何不受此税约束的外国公司(例如,那些并非在法国长期存续的公司)利用信托制度,[35]法律可能被解读为禁止外国设立人选择利用它。

在授权自然人处理受托人事务的同时,立法者规定,这类委托人投入信托的财产将在他去世后返还至他的遗产当中。因此,无论债权人是否已得到偿付,担保信托都是可以撤销的。2009 年,为了回应担保信托的需求,议员们纠正了这一错误。

B. 受托人:首先是金融机构,然后是律师,但绝不是公证员

246 与对委托人的限制相对应的是对受托人的限制,其办公室最初是被限制的——就像在卢森堡一样,仅限于"银行业"机构("banking" institutions)。这种限制是可以理解的,它关心的是维持这个办公室的人是否已经熟知如何为相应的机构报告可疑交易(即使可以减轻这种

---

〔35〕 当然,这引入了 fiducie 法律第 13 条的规定,该条款规定,委托人必须"居住在欧盟的成员国内或在与法国签订了避免双重征税的税收协定的国家内",并由该等国家提供行政协助以打击税务欺诈或逃税的条款。但这可以被视为与《民法典》不一致的一点(类似于《民法典》规定将资产转移给受托人的条款与关于会计的立法之间的不一致,该条款另外规定了将责任转移给受托人的可能性)。

担忧的替代方案出现了)，但令人难以理解的是，最初为何排斥其他同样熟悉这一义务的职业(如律师、公证人)。

2008 年 8 月 4 日的法律准许律师进入受托人的圈子。公证人在对《信托引入法》的争论期间却没有表示希望自己能被包括在内，即使与管理财产有关的信托方面似乎在其专业范围内，但其始终没有出现在这个圈子中。

C. 信托法的目的：不可夸张的通用性

如果可以把信托比喻成一个剧本的话，那么信托剧本中可以出现的人物有一种胆怯，但在关于可以导致在信托剧院中演出之各种目的的问题上，这种胆怯在较小程度上也是存在的。信托出现了两种主要模式。一种是受托人负责管理财产(管理型信托)，另一种是受托人持有作为债务担保的财产(担保信托)。乍一看，信托的用途似乎特别广泛。管理型信托可以是有利于委托人的：在这种情况下，委托人可以
从他的财产中转出某些财产，然后为了他的利益进行管理，这是一种 247
常见的信托(trust)利用形式。令人惊讶的是，管理型信托也可以是有利于受托人的，因为受托人可以在信托财产转变成(transfereed into)他的个人财产(personal patrimony)前(也就是说，在信托财产被受托人在信托管理之外所产生的债务的债权人可以对信托财产拥有追索权之前)，根据自己的利益而管理信托财产。此外，2008 年 8 月 4 日的法律放松了多方面的法律框架，从而有利于信托的利用：信托的最长期限从 33 年增加到 99 年，并且简化了必须履行的手续；这样的话，索赔权可以转让以对抗第三人。就担保信托而言，它的优势在于受托人是受托财产的唯一所有者，且担保的实现无须与委托人的债权人之请求权相竞争。此外，设立一项担保信托也可能对受托人是有利的——彼时受托人也将因此成为受益人——尽管这种角色组合可能产生潜在的利益冲突。2008 年的这项法律还废除了在可疑期间对同时产生的债务进行担保则无效的规定，从而消除了这种担保被

确认无效的风险,也消除了债权人眼睁睁看着自己的担保化为乌有的风险。

然而,不能夸大目的的范围。将信托作为赠与的形式是明令禁止的,即使最近遗产税(最多约 150,000 欧元)的消失可能会使信托作为一种赠与的形式而变得容易。

248 在管理型信托的范围内,只有资产可以转让给受托人;根据《民法典》的规定,债务则不能转移(虽然在会计和税收方面的立法中考虑到了债务的转移)。因此,这就排除了将这种信托作为一种工具来分割负债和表现不佳资产的可能性。银行业机构执行受托人职责时,必须在该机构的许可证范围内进行。在实践中,信托管理的性质可能会受到这些"银行"或律师愿意做什么或有能力做什么的限制(例如,很难想象将大件商品的所有权和拥有权转让给银行家或律师,或使后者做工业资产的受托人)。尽管如此,这并不是一个不可逾越的障碍:这个困难可以通过一个信托来解决,包括将财产交到第三人手中,或者涉及与委托人达成一项可获得性协议(an availability agreement,是关于处置的协议)。在担保信托领域,最初的立法对其实现方式保持沉默,这种沉默不利于其利用的迅速增长,而幸运的是,这已经被一位热心的立法者纠正了。

Ⅳ 《信托引入法》在一致性方面的缺陷

就其某些规定而言,《信托引入法》有时十分缺乏一致性。有两个例子可以说明这一点:其中一个是来自信托财产,它并不是一个
249 无懈可击的区域(见 A 节);另一个是对信托债务的不完全处理(见 B 节)。

A. 一个没那么无懈可击(watertight)的信托制度

受益人的利益,或称衡平法上的权利,是信托(trust)的一项特别具有吸引力的特征。受益人(cestui que trust)的这项权利在设立信托时得到确认。该项权利是叠加在信托财产上的受托人的普通法系上的产权(common law property right)之上的,从而确保信托基金是无懈可击的;它和在信托中确立的大量权利相区分;这不仅为了保护受益人的权利,还避免了指向受益人的权利可能被误认为是受托人个人拥有的权利的情况。此外,由于缺乏对信托所赋予的权利的充分保护——受托人的个人债权人可能侵占这些权利——这也是这个罗马法系中的制度消失的主要原因之一。信托的命运说明了为什么在信托制度中有必要保护受益人的权利。

一般来说,信托制度的吸引力在于在一个独立的范围内信托财产的隔离性;不仅信托的受益人必须受到保护,委托人也必须受到保护。

然而,《信托引入法》在这方面却违背了这一点。《民法典》第2025条第2款和第3款规定,其索赔权来源对受托人的债权人[the creditors whose claims arise from the trustee(acting as trustee)]可以在“信托财产不足”的情况下,而追索到委托人的财产;或者,该等债权人 250
可以追索到受托人的财产,如果信托合同做了这样的规定的话。因此,除非该等债权人同意将其请求权限制在那些非信托财产的范围内,否则信托财产并非无懈可击。因此,对另一种财产的附属追索权原则上是存在的。财产的逻辑(作为一个拥有一套可以对其一系列负债负责的资产的自治性结构)不仅被破坏了,这一条款还可能使潜在的委托人不愿利用信托制度。委托人可能对另外一个人(受托人)的法律行为引起的、附着于信托财产上的责任来承担责任,而该财产是委托人不再拥有的财产(因为现在属于受托人),而该财产最终可能属于另一个人(作为第三人的受益人)。反对英美受托人的个人财产应该对信托管理产生的债务承担责任的主张是徒劳无益的。[36] 首先,适用这一规则(该规则并非普遍适用)的国家还规定,受托人通过法律运作,有权从信托资产中偿还或直接使用信托资产向债权人支付,[37] 只要受托人是在他的权力范围内行事即可。受托人只是信托(trust)的代表,不以个人名义承担因追求信托目的而产生的债务。《统一信
251 托法典》是向美国各州提供的示范法规,目前在其第 1010 节中规定,与信托有关的债权的债权人只能从信托资产中实现债权。这构成对信托资产和负债自主权的承认。可见法国规则在信托(trust)逻辑中找不到等价物。

可以设想,实践中委托人将在信托合同中包括一项规定,来禁止受托人与第三人订立合同,除非第三人事先同意将其请求权限制在信托财产范围内。当然,这不是一个完美的解决方案。受托人很可能违反这一义务,然后第三人将能够对委托人采取司法行动,因为在这种情况下,不能援引受托人财产的限制来对抗第三人。因此,委托人必须根据对受托人的合同责任提起诉讼,受托人的身份应该意味着财务偿付能力,至少在没有财务危机的情况下是这样,或者如果受托人是律师,那么他将得到保险的支持。另一种办法是建立一个壳公司(shell company),财产首先转让给它,然后由它担任受托人,其方式类似于某些做法,即以有限责任公司为以无限责任为特征的合伙企业的合伙人。然而,这种解决方案使得设立一个信托的过程更加烦琐。

根据对信托(trust)的经验,问题是,法国的做法是否是为了避免对委托人提起诉讼的不利,而选择对受托人的"个人"财产("personal" patrimony)提起诉讼。

252 从抽象的角度来看,这种解决办法似乎不太现实——"银行家"或

〔36〕 L Smith, *Trust and Patrimony*(2008)38 Revue générale de droit 379.

〔37〕 G. T. Bogert, *Trusts*, 6th edn, St Paul, West Publishing, 1987, n° 127; G. G. Bogert and G. T. Bogert, *The Law of Trusts and Trustees*, revised 2nd edn, St Paul, West Publishing, 2006, n° 718.

充当受托人的律师更愿意限制其责任范围，并拒绝为与另一方从事的某一特定活动有关的债务承担责任。实际上，在信托（trust）领域，一直以来的原则是——在英美法系的一些司法管辖区，信托管理产生的债务应由受托人个人承担（尽管这一规则已不再得到一致遵守；同样，请参见《统一信托法典》的第1010节）。如前所述，受托人随后有权提取信托（trust）的资产进行偿还，但受托人超过其权力或犯有重大过错的则为例外。这一原则增加了受托人的责任；信托所取得的成功并未受到这种对受托人的个人诉讼权利的限制，而债权人对信托的诉求也是如此。对于受托人而言，只要他按照信托合同的条款进行管理，并且只要他确保债权人的债权对应于信托下的同等价值资产，那么在没有充分赔偿的情况下承担这种责任的风险就会逐渐消失。

在实践中，就担保信托而言，信托财产并非无懈可击这一点对受托人不利之处是较少的：担保的受益人是委托人的债权人，因此在此基础上，他仍有权对委托人提起诉讼。因此，受托人对信托的管理通常不应产生实质性的信托债务（fiducie liabilities）。

委托人的债权人（或潜在的受托人的债权人，如果受托人接受了对信托债务承担个人责任的话）需要提防这些“资产负债表外”（off- 253
balance-sheet）的债务。实际上，他们面临着自己与那些请求权源于信托管理有关的债权人竞争的风险，这些债权人在信托财产被证明不足以支付其债权的时候，就能够抓住委托人的资产。

B. 信托债务的处理

立法条文没能很好地解决在没有受益人的情况（如受益人放弃权利的情况）下该将信托财产归还到哪里的问题。如果委托人仍在考虑范围内，《民法典》第2030条规定“通过法律程序”将信托财产转移给委托人，但未明确规定事先清偿信托债务。在信托合同因委托人的死亡而结束的情况下，对于信托债务的处理条款的规定更为奇怪（根据《民法典》第2030条的规定，彼时债务由继承人承担）。

这是否意味着该等债务将保持在信托财产范围内,而没有财产回应它们,因此导致信托基金“破产”(bankrupt),并导致债务的暂停支付困难以及作为受托机构的法律声明的困难?鉴于在债务到期时没有可供偿还的资产,应开始就信托财产进行集体诉讼,从而禁止对已存在的债权人的付款。

254 在没有向信托增加新资产的情况下,法院应裁定对受托人进行司法清算。这可能会导致受托人的其他客户产生误解。可以认为,对委托人财产的附属追索权会在这里找到有用的作用。不完全是这样,因为在这种情况下,受托人的债权人将会发现他们与委托人的个人债权人一起对同一组资产行使请求权。如果不能向主要债务人即受托人要求行使请求权,则该请求权也不能先从附属债务人即委托人处行使。

那么,这是否意味着,受托人可以将信托财产作为一个整体转让给委托人呢?法律没有对这种情况作出规定,再次出现了债权人(委托人的个人债权人和受托人的债权人)共同主张的问题。

一方面的逻辑是,作为信托财产应是一个整体;另一方面的逻辑是,为避免有关受托人的债权人的欺诈行为(滥用导致的损害,abusive impairment),应该在从信托财产中自动转移资产之前,即强制清偿债务。[38]

但是,在将权利从受托人转移到受益人方面,法律也没令人更加满意——在这个问题上它是沉默的。

255 当然,合同可以规定将财产转让或交付给受益人的方式和形式。但是,对于因信托的管理而产生债权的债权人,应如何处理?除非债权人接受,否则很难想象信托合同中针对这些债权人的条款会成立。他们的债务会因为法律的运作即在信托财产转移给受益人的一个合

---

〔38〕 以下主张可达相同效果:M. P. Dumont-Lefrand, *Le dénouement de l'opération de fiducie*(2008)Droit et Patrimoine, June issue, 63, 67。

乎逻辑的瞬间而到期？这是允许债权人在任何转移进行之前而得到清偿吗？信托财产是否应仅在扣除信托债务后才能转移？这是否适用于信托财产作为整体而转移给受益人的情况？这里的法律尚有空缺。再一次，似乎根据整体性的逻辑、信托财产和避免债权人的欺诈行为（滥用导致的损害）的需要，应要求债权人在信托财产被做任何转移之前即得到清偿。但问题是是否必须立即付款（然而在这种情况下，很难设想出根据法律程序有什么理由导致期限利益的损失）；相反，债权人似乎可以在债务到期时得到偿付（这意味着信托办公室将继续运作，直到支付完成）。在这种情况下，或许有些人会看到拥有一笔不那么无懈可击的信托财产的价值：在信托财产中缺乏资产的情况下，债权人将能够对委托人的财产有一种附属追索权。但是对委托人的追索将是非常不公正的。如果受托人没有收到任何资产，为什么信托财产的整体所有权已经转移到另一个人后，还要让委托人从他自己的财产中清偿信托债务呢？

综上所述，我们可以回忆一下 fiducie 一词的词源可以追溯至 256
fiducia，其意思是“信任”。[39] 让我们相信从业者的想象力，不仅要明智地运用这种制度，而且要通过合同中的适当规定来限制立法的弊端。关于这一法律，已经采取了几项实质性的纠正措施（不仅是调整），给人一种信托的混乱觉醒的印象。我们可以打赌，信托将最终停止不断的变动。然后，也许这个“睡美人”会得到她应有的蓬勃发展。 257

〔39〕 参见 M. Lupoi, *Trust and Confidence*（2009）125 L. Q. R. 253。

第七章 信托法的重塑

莱昂纳尔·史密斯

阅读这些杰出的文章不仅是一种乐趣,也是一项挑战。乐趣在于看到世界上大陆法系和混合法系在融入信托问题上途径的丰富性,挑战在于理解接下来的议题:如果想要加强全球对于信托的理解,就要求我们在更进一大步之前首先后退一小步。信托法作为法律思想的一大基础类别,与一系列其他基础性法律概念都有着密切的关联,而本书通过各篇著作使这一关联变得清晰。通过众多著作中不同学者的观点与争议,我们可以讨论它们之中反复出现的几大主题:人格化、财产、多样性以及自治。

玛德林·坎廷·库米恩的文章提供了一个在不同法域中对于信托概念不同实现形式的概观,其中列出了这些法域在背景特点上的诸多差异,有助于我们了解为何它们对于信托的解读是如此多样化。在普通法系中的信托是一种物权与债权的奇怪混合产物;的确,它是一种会影响第三方当事人的、与物权有关的债权性关系,因此,在非大陆法系下,它给受益人的债权请求权赋予了一种类似物权的特征。[1]

显而易见,大陆法系还未能直接采纳这种概念结构,尤其是对于 258
那些仍然沿用19世纪编纂法典的法系。公共法(*ius commune*)的时期,在欧洲大陆发展了一个成熟的学术体系,这与英国法的发展大同小异。[2] 而当我们考虑到教会法对于两者的影响时,就不会为这些共性的存在而感到惊奇了。[3] 但是在19世纪的编纂法典时期,在不少大陆法系中,一些较为古老的学说就因要将双边债务(bilateral obligations)与多边物权(multilateral real rights)严格区分而被彻底抛弃了。

造成某种程度上相互误解的另一个因素是,普通法系和大陆法系的律师都有一种习惯,即把普通法系中的信托描述为一种以分割所有权为基础的结构,这只是一种隐喻,而且在很多方面都具有误导性。[4]

但与此同时,它已经成为一种公认的对于普通法系中的信托的简 259
要概述,这也是普通法系的信托始终不能被大陆法系中的财产法完全

---

〔1〕 F. W. Maitland, *Trust and Corporation*, in H. A. L. Fisher, ed., Collected Papers of Frederic William Maitland, 3 vols., Cambridge, Cambridge University Press, 1911, vol. Ⅲ, p. 321; in D. Runciman and M. Ryan, eds., F. W. Maitland, State, Trust and Corporation, Cambridge, Cambridge University Press, 2003, p. 75; L. Smith, *Transfers*, in P. Birks and A. Pretto, eds., Breach of Trust, Oxford, Hart, 2002, p. 213.

〔2〕 M. Graziadei, *The Development of Fiducia in Italian and French Law from the 14th Century to the End of the Ancien Régime*, in R. Helmholz and R. Zimmermann, eds., Itinera Fiduciae: "Trust and Treuhand in Historical Perspective", Berlin, Duncker & Humblot, 1998, p. 327.

〔3〕 M. Lupoi, *Trust and Confidence*, (2009) 125 L. Q. R. 253.

〔4〕 S. F. C. Milsom, *Historical Foundations of the Common Law*, 2nd edn, London, Butterworths, 1981, p. 6: "普通法的生命在于其基本思想的滥用(abuse)。如果财产规则给出了现在看来似乎不公平的答案,那就试试债权;衡平法证明了从债权的材料中可以伪造财产的现象。"以及 M. Lupoi, *Trusts: A Comparative Study*, trans. by S. Dix, Cambridge, Cambridge University Press, 2000, p. 2 – 3; L. Smith, *Trust and Patrimony* (2009) 28 Est. Tr. & Pensions J. 332。

接受的主要原因。[5]

普通法系与大陆法系在物上之义务(obligatio propter rem)或者说物权法上的义务方面的规定存在相似之处。物权法上的义务即一方的责任不是依附于人,而是依附于一物之上,因此这种义务经常就会归属于该物的所有者。在大陆法系中,物权法上的义务被限制于只能适用于很少部分的情况,而它们的司法判决分析都十分复杂且存在争议。[6] 因此,我们不难发现,大陆法系是通过其他形式来融入了一种类似信托的结构。例如,在德国、奥地利、日本等国被普遍接受的日耳曼信托(Treuhand),实际上通过继续将其保留在合同的领域中以遵守后法典化的民法理论;尽管那难以用合同的语言来解释对合
260 同第三方的影响,并且在外人看来界定第三方影响的方式显得较任意。[7]

另一种实现信托结构而不会使物权与债权的边界变得模糊的方式是使信托人格化。玛德林·坎廷·库米恩和皮埃尔·勒帕尔均在其文章中阐述了信托人格化的可能性——这贯穿于现代大陆法系中与基金会和相关实体的领域中。[8] 它也是一个理解《魁北克省民法

---

〔5〕 “一项复杂的文献发现了大陆法系对单一所有权的关注是其接纳信托的主要障碍,但它同时也质疑这个障碍和其他被设想的障碍的说服力。”参见 V. Bolgár, *Why No Trusts in the Civil Law?*, (1953) 2 Am. J. of Comp. Law 204。

〔6〕 R. Valsan, *Rights over Rights and Real Obligations: Reflections on the Real-Personal Divide*, 发表于 The Worlds of the Trust/La fiducie dans tous ses États conference, Montreal, 23 - 5 September 2010。

〔7〕 F. Weiser, *Trusts on the Continent of Europe: A Study in Comparative Law*, London, Sweet & Maxwell, 1936, p. 23 - 30; H. Kötz, *Trusts in Germany*, in M. Cantin Cumyn, ed., Trust vs Fiducie in a Business Context, Brussels, Bruylant, 1999, p. 175, 183 - 6; H. Kötz, *National Report for Germany*, in D. J. Hayton, S. C. J. J. Kortmann and H. L. E. Verhagen, eds., Principles of European Trust Law, The Hague, Kluwer Law International, 1999, p. 85, 93 - 5; G. Gretton, *Trusts without Equity* (2000) 49 I. C. L. Q. 599, 613 note 67。

〔8〕 P. Lepaulle, *La notion de "trust" et ses applications dans les divers syste'mes juridiques*, in Actes du Congrès international de droit privé tenu à Rome en juillet 1950, vol. Ⅱ, L'unification du droit/Unification of Law, Rome, Éditions "Unidroit", 1951, p. 197, 206 - 7.

典》中如何实施信托的方法。[9] 然而,信托人格化的复杂性也是众所周知的。有人认为信托并非法人,这是信托的一种定义性特征。尽管这是普通法系中信托的公认性结论,但这并非仅是普通法系学家持有 261 的观点。[10] 此外,我们也不能忘记有关法人的法律规定。在信托人格化后,我们就必须探究并且尊重**它**的利益,而非受益人的利益。[11] 不过,这并不意味着受托人可以对受益人的利益置若罔闻,而是意味着在受托人与人格化的信托之间的关键性关系中,受益人必须被降级为有利害关系的第三方,就像股东在董事与其公司之间的关系中所处的地位一样。[12]

在大陆法系和混合法系中信托的演变过程中,财产这一重要的主题也逐渐凸显,就是财产的观念。这一问题在本书的各篇著作中也多次被提及。财产这一概念在大陆法系中至关重要,至少在某些法律制度中,如果与财产相关的规定被篡改,甚至完全可能形成一种全新的法律范畴。这个经典的观点告诉我们,财产是法律人格的一部分:"每个人都有一份财产,每份财产也都属于一个人。"[13]

但是《魁北克省民法典》却打破了这一规定,它将财产定位为一种 262

---

〔9〕 参见 M. Cantin Cumyn, *La fiducie, un nouveau sujet de droit*? in J. Beaulne, ed., Mélanges Ernest Caparros, Montreal, Wilson & Lafleur, 2002, p. 131. 作者认为魁北克省的信托应被视为一个所有者(sujet de droit),能够拥有权利和承担义务,尽管在她看来,它不是完全的法人,例如,不能成为另一个信托的受托人。

〔10〕 D. J. Hayton, S. C. J. J. Kortmann and H. L. E. Verhagen, eds., *Principles of European Trust Law*, The Hague, Kluwer Law International, 1999, esp. p. 13[art. I(1)] and 30; E. Cameron et al., *Honoré's South African Law of Trusts*, 5th edn, Landsdowne, Juta, 2002, p. 9 – 11; M. Lupoi, *A Civil Law Perspective on Trusts and the Italian Case*(2005)11(2) Trusts & Trustees 10; L. Smith, *Mistaking the Trust*(2010)40 H. K. L. J. 787,提到甚至在普通法系国家,立法也偶尔会将普通法系中的信托当作法人对待。

〔11〕 Pramatha Nath Mullick v. Pradyumna Kumar Mullock(1925), L. R. 52 Ind. App. 245 (P. C.),以及 P. W. Duff, *The Personality of an Idol*(1927)3 C. L. J. 42。

〔12〕 Peoples Department Stores(Trustee of) v. Wise[2004]3 S. C. R. 461, 244 D. L. R. (4th)564.

〔13〕 Aubry 和 Rau 在财产方面经典著作的英译本,参见 N. Kasirer, *Translating Part of France's Legal Heritage: Aubry and Rau on the Patrimoine*(2008)38 Revue générale de droit 453。

像是完全不同的观念,也因此提出了主观权利的观念:它宣布通过配置而创设的财产不属于任何法人,而信托就在此行列之中。〔14〕 然而,这样的规定造成了一些尚未解决的难题:当存在一项对信托财产的索赔请求时,无论这项请求是由受益人还是由维持、改善或购买信托财产的债权人提出。谁是债务人呢?如果我们说信托是债务人,那么我们就又回到了最初的起点,即信托属于法人的一种。如果我们说信托不是一个法律实体,我们就可以推测出,信托中产生的债务并不由通常意义上的任何债务人承担,而是由信托财产承担。这可能是此部民法典条款背后的愿景,但它确实带给了我们新的思考,如果信托的债务是由财产直接承担的,那么同样的理解是否适用于所有的财产?我们曾经认为欠债的主体应当是一个自然人,难道我们现在要认为他的债务应由他的财产来承担吗?如果不是如此,难道在魁北克省法律界现在有两种不同的财产,其中一种是作为债务人而存在的,另一种则只是持有人的债务和资产的容器吗?〔15〕

263 或者就如同迈克尔·麦考利在他的文章中所提出的,受益人的权利是一种在任何制度中都前所未有的新权利吗?同样的理由是否适用于信托中那些不是受益人的普通债权人的权利?

在苏格兰,这个关于财产的问题已经被以一种不同的方式解决。信托是一种财产,但不是一种通过配置方式而产生的财产;它属于受托人,就像他的个人财产一样;但又与其个人财产有所区别。这不仅仅是一种想法,而是对于财产的实际区分。而这样的区分方式也同样是被传统意义上对财产理念的理解所禁止的。但是,它避免了信托人

〔14〕 参见《魁北克省民法典》第2条、第302条和第1260条。毫无疑问,其灵感来自皮埃尔·勒帕尔将普通法系中的信托翻译成了法国民法中的法律思想:P. Lepaulle, *Traité théorique et pratique des trusts en droit interne*, *en droit fiscale et en droit international*, Paris, Rousseau et Cie, 1931。

〔15〕 亚历山大·波波维奇的系列文章中探讨了许多问题:La fiducie: traduction d'un intraduisible? 发布于2011年2月11日在魁北克省私法和比较法研究中心举办的2010~2012年民法系列讲习班,主题为"大陆法系中的产权"。本系列文章将于适当时候出版。

格化的问题。与此同时,魁北克省的律师可能认为它涉及承认其法律体系中不存在的一种所有权,因为它是一种管理性的或者说非受益性的所有权。苏格兰对此的回应是,它是民法上的全部所有权,受托人行动自由的唯一限制来自债法,而不是物权法。[16] 这种债务性的信托使比较法律师对普通法系的信托也产生了强烈的回应;但这种法律之间的共性不能被推得太远,因为普通法系将受托人的义务附加至特定财产权利之上的做法是苏格兰法律不一定会支持的。[17] 此外,普 264
通法系中的信托的一个关键特征是,在信托中只有资产而没有负债;这也是普通法系中受托人从来没有承担过"作为受托人"的责任的原因。对于任何与他有关的合同义务或非合同义务,无论是否在信托管理中发生,他都要承担责任,尽管他的个人责任可能会被合同约定排除在外。[18] 尽管在没有这样一项合同约定时,受托人需承担完全的个人责任,但他总是可以利用或追索信托财产来承担在信托管理方面所相应产生的债务。[19]

苏格兰的做法正在赢得追随者。何锦璇的文章中提到,在2001
年通过立法而创建的中国信托,是最好用苏格兰信托的方式进行理解 265
的。信托财产以其适当的财产之形式被持有,从而使其与其他债权人的债权隔离。然而,这种信托有一个问题,即委托人可以在设立信托

---

〔16〕 参见前注7中Gretton, *Trusts without Equity*。

〔17〕 一个例子是2010年S. C. 156号英联邦石油天然气有限公司诉巴克斯特案的裁决引发的争议。在该案中,最高法院第一分院认为,"知悉信托财产之接收"(knowing receipt of trust property)原则是苏格兰法律的一部分。

〔18〕 D. Hayton, *Trading Trusts, Trustees' Liabilities and Creditors*, in J. Glasson and G. Thomas, eds., The International Trust, 2nd edn, Bristol, Jordans, 2006, p. 511;参见注释4中Smith, *Trust and Patrimony*。

〔19〕 最新的例外是美国的法律:《统一信托法典》(现时在23个州和哥伦比亚特区成为法律)之§1010和《第三次法律重述:信托》之§§105-6,在美国法律协会2011年5月的年度会议上通过。这些条文规定受托人作为受托人时有单独的"能力"(capacity),使他在以这种能力行事时不承担个人责任。其结果是创建了一个单独的信托财产,开拓了普通法系信托法中前所未有的领域,从而使美国的信托法与苏格兰和南非的信托法保持一致。这一步骤也使美国的信托法与管理死者遗产的普通法系保持一致。普通法系一直将死者遗产视为一项单独的财产,尽管普通法系中并无这个术语。

的同时保留信托财产所有权。[20] 容纳了多种特征的有趣组合,可能会让我们想到魁北克省以及苏格兰:在苏格兰法中,我们可以说,信托财产在委托人的财产中是与其个人财产相区分的;而在魁北克省法中,我们会认为受托人是一个在管理不属于他的财产的人。

同样,弗兰克斯·巴利尔在研究我们可如何理解 2007 年在法国创设的信托制度(fiducie)的过程中,得出的结论是它是财产分割的一种形式。受托人是信托财产的所有者,但该信托财产与受托人自己的财产是不同的。法国对在此方面的规定有其自身的细微差别,包括委托人和受托人在信托财产无法偿还债务时可能面临的个人责任。从真正的财产分割的角度来看,这可能看起来很奇怪,但普通法系律师可能会再次从中看到他们自己的法律制度的影子。如上所述,普通法系中的受托人一般都可能要承担个人责任,除非他的责任在合同中被排除在外。

266 在某些情况下,在普通法系中甚至受益人也会承担责任。[21] 对于身为非受益人的委托人,他的潜在责任在普通法系中不常见,但在受托人根据委托人的命令而非独立行事的情况下,也可能产生责任。[22]

---

〔20〕 根据南非法律,可以设立这样一项信托:信托财产的所有权属于受益人,而控制权属于受托人。参见前注 10 中 Cameron et al. ,*Honoré's South African Law of Trusts*,p. 6 –9。南非法律也认为信托构成了一种单独的财产,无论信托财产是由受托人还是受益人持有。参见前注。

〔21〕 受托人按照受益人的指示行事,这在家族信托中并不常见(但完全合法),而在商事信托中则很常见;法院可以认为受托人是受益人的代理人(agent),这可能意味着受益人会按照一般代理原则承担责任。参见 Trident Holdings Ltd v. Danand Investments Ltd(1988),64 O. R. (2d)65,49 D. L. R. (4th)1(C. A.)。还有一项原则是,受托人承担适当的责任后,若发现信托财产不足以补偿他们,则在某些情况下,可以对受益人享有追偿权利,参见 D. Hayton,P. Matthews,C. Mitchell,Underhill and Hayton,*Law Relating to Trusts and Trustees*,18th edn,London,LexisNexis,2010,p. 1076 –9。

〔22〕 在受托人根据委托人的命令行事的情况下,法院可以裁定不存在信托,或者裁定虽然存在信托,但实际的受益人是委托人,参见前注 21 中 Hayton,Matthews,Mitchell,Underhill and Hayton,p. 88 –93。无论如何,根据委托原则,委托人都可能负有责任。此外,即使在合格信托(legitimate trust)的范围内,委托人也可以作为事实上的受托人而承担责任,其原则是,如果一个人确实扮演受托人的角色,他将承担与其作为适当履行义务的受托人完全相同的责任,参见前注。

迈克尔·麦考利的文章突出了多样性的主题,着重阐述了《路易斯安那州民法典》与其信托法之间的概念上的不一致。他解释了为什么在这个法域内的私法中存在多于一个的所有权概念。他所提到的新判例法似乎也倾向于像苏格兰法律那样的理解:它将受托人视为信 267
托财产的所有者,并将受益人理解为可对受托人提出个人请求的人,然而请求范围仅限于信托财产中的财产,不触及受托人的个人财产。然而,麦考利对于苏格兰和魁北克省法又提出了自己的不同见解。在他看来,受益人的权利是"权益";以传统个人权利和物权二分法的视角去理解它们是错误的。这使信托的基本概念恶性循环:它由在私法其他部分中根本不为人所知的要素组成。

亚当·霍夫里－温拿格里多关于20世纪以色列与巴勒斯坦信托法发展的叙述展示了另一种多样性。多元的法律秩序为信托理念提供了一系列的概念架构:其中一个是伊斯兰法中的瓦格夫,一些人试图从中找到普通法系中信托的根源,[23]不过,从以色列的法律中,也能发现其对于普通法系中信托的接纳,至少一些学者是这样认为的。随着民法典逐渐成为现实,未来还会有进一步的发展。

在亚当·霍夫里－温拿格里多和米歇尔·格雷佳德的文章中所探讨的多样性之间存在一些相似之处。在信托领域,意大利通过执行《海牙信托公约》,采取了一种法律多元化的形式。在意大利,委托人可以选择他们希望适用的外国法律制度以管辖其意大利信托。这是
一个非常重要且吸引人的制度构建,它代表了建立在最广泛的委托人 268
自治权基础上的方法的胜利。虽然有人可能就此提出疑问,但《海牙信托公约》确实实施了这一方法。除了有限的例外情况,合同只对各方产生影响,每个法律体系内都有广泛的(虽然不是无限制的)合同自由原则。因此,允许这种自由扩展到缔约方选择管辖法律的自由似乎

〔23〕 A. Avini, *The Origins of the Modern English Trust Revisited* (1996) 70 Tul. L. Rev. 1139.

是合情合理的。但信托总是对第三方产生影响,因此完全自治的论点并不那么明显。而且,《海牙信托公约》赋予的自主权可能是迄今为止人们对接受其条款相对谨慎的一个因素。[24]

关于委托人自主权所适用的法律的发展和完善也许是未来几十年需要我们关注的问题。即使在《海牙信托公约》之外的国家,普通法系也承认了委托人具有相当大的自主权,至少在无疑占据国际资本主导地位的动产信托方面是如此。随着普通法系、大陆法系以及混合法系信托法律之间的差异越来越大,我们可能会看到越来越多的委托人倾向于挑选法院,以寻求最符合他们需要的法律制度。特别是当我们注意到,即使是一个与非公约国家产生客观联系的信托,该公约的缔约国也必须应用《海牙信托公约》。[25]

269 这一现象的另一个层面是委托人和他们的法律顾问似乎越来越希望设立由受托人拥有广泛酌处权的信托,其影响是将受益人的地位从拥有权利者降低到一些仅能希望酌处权的行使会对他们有利的人。[26] 即使对于那些已经确立了信托制度的大陆法系和混合法系地区,这种制度构建也显得奇怪且无法辨认。[27] 所以,即使是《海牙信托公约》缔约国的法院,他们是否愿意承认上述这种把所有决策权——包括受益人的获益程度甚至其身份——都交到本来仅是管理者的受托人手中的制度构建呢?这是一个有趣的问题。

最后,我们展望一下信托比较法的研究前景。自编写此书的工作室建立以来,克雷波私法与比较法研究中心已经举办了一场为期两天

---

〔24〕 当然,无论如何,《海牙信托公约》通过第 15 ~ 16 条、第 18 ~ 19 条对委托人选择适用法律的权利施加了一些限制。然而,这些法律规定略显含糊,特别是第 15 条的范围及其与第 11 条的相互作用很难从法条文本本身来预测。

〔25〕 《海牙信托公约》对法律的选择与承认都不是互惠的,除非有法律保留(第 21 条)。到目前为止,没有一个缔约国对承认作出这种保留。

〔26〕 参见前注 10 中 Smith, *Mistaking the Trust*, 789 – 93。

〔27〕 参见前注 10 中 Lupoi, *A Civil Law Perspective on Trusts and the Italian Case*, 14。

半的国际会议,会议主题是大陆法系和混合法系的信托问题。[28] 许多论文涉及对信托制度的法律理解,这也是本书许多章节所关注的 270 一个基本问题;而其他论文则将研究范围扩展到一系列仍有待进一步比较处理的问题上,其中包括受托人的资格、受托人的信义义务和其他核心义务、信托分类以及其他补救问题,如追回(tracing)在大陆法系背景下的理解。未来最有趣的工作可能就在于对信托法在以上方面的比较研究,以从根本上区分信托法以及合同法。上面提到的财产问题也当然在此范畴内,因此它也会继续引起学者的广泛关注。

然而,在比较法的范畴中还存在其他问题。[29] 其一就是受托人身份的职位性(office),这一性质与在某一特定时间碰巧成为受托人的人独立存在。这是合同法所不能复制的一个特点,因为合同法具有其固有的个人性质,以及只有在当事人皆同意的情况下——实则只有在订立新合同的情况下——才能取代当事人。受托人身份的职位性,可能与信托法的另一个明显非合同性的重要特征有关:法院对信托制度的持续监督,使受托人即使在没有真正法律纠纷的情况下也能获得建议和指导。正如皮埃尔·勒帕尔所言:“信托生存在法院的庇荫之下,这给它带来了控制,也同时得到了建议。”[30]

这两方面的特点也许都指向了一个经常会被人遗忘的事实,即至 271

---

〔28〕 本次会议的主题是“信托的世界”(The Worlds of the Trust/La fiducie dans tous ses États),于 2010 年 9 月 5 日至 23 日在麦吉尔大学召开。

〔29〕 委托人能够单方面设立一个信托,使他自己成为以前完全属于他的财产的受托人,这是一种不能用双边合同的知识体系理解的现象。我们应该注意到,并非所有法域都允许这种信托创立模式。

〔30〕 参见前注 14 中 P. Lepaulle, *Traité théorique et pratique*, p. 207。一个没有那么诗意的说法是:“信托生存在法院的庇荫之下,这给它带来了指导与监督。”

少在某些法律体系中,法院本身就是最后的受托人。[31] 正如我们将信托法作为私法的一部分的假设,这一问题的含义还有待充分探讨。
272 就慈善信托而言(如果存在),它似乎具有公法的成分,因为其受益人不是自然人或法人,而受托人的义务在某种意义上是应当向国家履行的。[32] 但是,即使在适用于个人的普通信托中,法院的监督作用也与信托密切相关,因此每一项信托的现行管理其实都是由国家支持的。[33]

总而言之,虽然本书中的汇编文章提供了许多宝贵的见解与观点,但在信托比较法的范畴内,我们仍有空间对多方面展开进一步
273 研究。

---

〔31〕 在普通法系中,直到19世纪的制定法改革前,受托人获取建议和指示的唯一途径是通过一项"管理诉讼",而将信托财产交付给法院,法院因此暂时成为受托人。参见 D. W. M. Waters, M. Gillen and L. Smith, *Waters' Law of Trusts in Canada*, 3rd edn, Toronto, Thomson/Carswell, 2005, p. 1096 – 7。受托人利用这种机制是为了避免承担个人责任的风险,但它相当麻烦;一位法律史学家指出,"在1824年,在人类统治之外,约有3900万数额的赔偿请求在法庭上无疾而终,涉及了一些未决案件和被毁坏的财产"。J. H. Baker, *An Introduction to English Legal History*, 4th edn, London, Butterworths, 2002, p. 113. 根据 www.bankofengland.co.uk/education/inflation/calculator/index1.htm 网站中英国央行的通货膨胀计算器计算,2010年通货膨胀总和超过33亿元。随后国家以法律手段干预,旨在制定一种当事人在不交出信托财产的情况下也可以征求法律意见的程序,但受托人仍可将信托财产交付法院。参见 J. Mowbray et al., *Lewin on Trusts*, 18th edn, London, Sweet & Maxwell, 2008, p. 968 – 72。此外,尽管行政命令现在相当罕见(Ibid., p. 1110 – 12),但法院在某些情况下可以行使受托人的酌处权(Ibid., p. 1098 – 1110)。法院本身可能被要求执行一项信托,这一事实也奠定了 McPhail v. Doulton [1971] A. C. 424 (H. L.) 以及更早的案件中有关目标确定性的检验基础的论证。

〔32〕 参见前注14中 Lepaulle, *Traité théorique et pratique*, p. 42 – 4,这就证明了义务是对信托所承担的义务,这也是支持他的观点即信托是一种分配财产的理论的因素之一。

〔33〕 法院的监督作用被称为"信托的公法层面",参见前注10中的 Cameron et al., *Honoré's South African Law of Trusts*, p. 180。

索　引

（所附页码为原著页码，即本书边码）

图书在版编目(CIP)数据

重塑信托：大陆法系中的信托法／(加)莱昂纳尔·史密斯主编；李文华译. -- 北京：法律出版社，2021
(外国信托法经典译丛)
书名原文：Re-imagining the Trust：Trusts in Civil Law
ISBN 978－7－5197－4544－8

Ⅰ. ①重… Ⅱ. ①莱… ②李… Ⅲ. ①大陆法系－信托法－文集 Ⅳ. ①D912.282.04－53

中国版本图书馆 CIP 数据核字(2020)第 107574 号

著作权合同登记号
图字:01－2020－3563

出版发行 法律出版社
编辑统筹 法律应用出版分社
责任编辑 似 玉 李 军
装帧设计 臧晓飞
责任校对 朱海波
责任印制 吕亚莉

开本 710 毫米×1000 毫米 1/16
印张 14.5 **字数** 210 千
版本 2021 年 7 月第 1 版
印次 2021 年 7 月第 1 次印刷
印刷 永清县金鑫印刷有限公司
经销 新华书店

地址:北京市丰台区莲花池西里 7 号(100073)
网址:www.lawpress.com.cn
投稿邮箱:info@lawpress.com.cn
举报盗版邮箱:jbwq@lawpress.com.cn

销售电话:010－83938349
客服电话:010－83938350
咨询电话:010－63939796

书号:ISBN 978－7－5197－4544－8
定价:68.00 元
凡购买本社图书,如有印装错误,我社负责退换。电话:010－83938349